Torsten Mindermann
Vanessa Goß

Jahresabschluss nach HGB
Übungsbuch

Bibliografische Information der Deutschen Bibliothek:
Die Deutsche Bibliothek verzeichnet diese Publikation in der Deutschen Nationalbibliografie; detaillierte bibliografische Daten sind im Internet unter http://dnb.ddb.de abrufbar.

Herstellung und Verlag: Books on Demand GmbH, Norderstedt
ISBN: 9783749469390

Vorwort

Dieses Buch ergänzt das Lehrbuch „Jahresabschluss nach HGB" und richtet sich an Studierende, die sich gezielt auf ihre Semesterabschlussklausur im Fach „Externes Rechnungswesen" vorbereiten möchten. Dieses Buch enthält zahlreiche Übungs- und Klausuraufgaben, deren Bearbeitung für eine optimale Klausurvorbereitung unerlässlich ist. Unser herzlicher Dank gilt Herrn Dipl.-Kfm. Sebastian Blatt, Herrn Dipl.-Kfm. Benedikt Hirthammer, Herrn Dr. Mathias Palmer, die wichtige inhaltliche Hinweise beigesteuert haben, sowie Frau Ines Günther, die uns in allen Phasen der Organisation dieses Übungsbuches unterstützt hat.

Greifswald im September 2019   Torsten Mindermann

Vanessa Goß

IV

INHALTSVERZEICHNIS:

Abkürzungsverzeichnis

Abs.	Absatz
Abschr.	Abschreibung
abzgl.	abzüglich
AG	Aktiengesellschaft
AK	Anschaffungskosten
Anz.	Anzahlung
a.o.	außerordentlich
aRAP	aktiver Rechnungsabgrenzungsposten
AV	Anlagevermögen
Bet.	Beteiligung/Beteiligungsverhältnis
betr.	betrieblich
BGB	Bürgerliches Gesetzbuch
bspw.	beispielsweise
bzw.	beziehungsweise
BW	Buchwert
d.h.	das heißt
E.K.	eingetragener Kaufmann
EStG	Einkommenssteuergesetz
etc.	et cetera
EWB	Einzelwertberichtigung
Fifo	First-in-first-out
Ford.	Forderung

geg.	gegenüber
gel.	geleistete
gem.	gemäß
gesetzl.	Gesetzliche
gez.	Gezeichnetes
ggf.	gegebenenfalls
GmbH	Gesellschaft mit beschränkter Haftung
GoB	Grundsätze ordnungsmäßiger Bilanzierung
GoF	Geschäfts- oder Firmenwert
GuV	Gewinn- und Verlustrechnung
HB	Handelsbilanz
HGB	Handelsgesetzbuch
HK	Herstellungskosten
h.M.	herrschende Meinung
i.d.R.	in der Regel
i.e.S.	im engen Sinne
i.H.d.	in Höhe der
i.H.v.	in Höhe von
inkl.	inklusive
i.S.d.	im Sinne der/des
i.V.m.	in Verbindung mit
JÜ	Jahresüberschuss
JF	Jahresfehlbetrag

Kap.	Kapital
KapG	Kapitalgesellschaft
Kg	Kilogramm
Lifo	Last-in-first-out
L&L	Lieferung und Leistung
lt.	laut
lt. Steuer	latente Steuer
max.	maximal
Mio.	Million
n	Laufzeit (in Jahren)
Nr.	Nummer
o.ä.	oder ähnliches
o.g.	oben genannte/-n
p.a.	per annum
pRAP	passiver Rechnungsabgrenzungsposten
PWB	Pauschalwertberichtigung
RAP	Rechnungsabgrenzungsposten
RBW	Restbuchwert
RHB	Roh-, Hilfs- und Betriebsstoffe
RL	Rücklage
RND	Restnutzungsdauer
RSt	Rückstellung

Aufgabe: Bilanzveränderungen

Definieren Sie die Begriffe Bilanzverlängerung, Bilanzverkürzung, Aktivtausch und Passivtausch.

<u>Lösung:</u>

1. <u>Bilanzverlängerung:</u> bei einer Bilanzverlängerung steigen
Aktiv- und Passivseite um denselben Betrag an. Beispielhaft ist die Aufnahme eines Darlehens, welches das Bankguthaben auf der Aktivseite mehrt und gleichsam als Verbindlichkeit auf der Passivseite erfasst wird.

2. <u>Bilanzverkürzung:</u> analog zur Bilanzverlängerung entsteht
die Bilanzverkürzung, wenn Aktiv- und Passivseite sich
um denselben Betrag verringern. Angrenzend zum oberen
Beispiel erfolgen bei Rückzahlung des Darlehensbetrages
eine Verminderung der Verbindlichkeiten auf der Passivseite und aufgrund der Tilgung ein Abgang bei der Bank
(oder Kasse) auf der Aktivseite in gleicher Höhe. Die Bilanzsumme sinkt somit auf beiden Seiten um die Höhe des
Darlehensbetrages.

3. <u>Aktivtausch:</u> der Aktivtausch hingegen entsteht, wenn
lediglich Konten der Aktivseite betroffen sind, sodass die
Bilanzsumme konstant bleibt. Als Beispiel kann der Kauf
von Vorratsvermögen herangezogen werden. Während das
Bank-/Kassenguthaben aufgrund des Bezahlvorgangs
sinkt, steigt der Ausweis auf dem Vorratskonto um den
Zugang an Vorratsvermögen.

4. <u>Passivtausch:</u> beim Passivtausch sind bei der Erfassung
eines Geschäftsvorfalls lediglich Konten der Passivseite
betroffen, indem eines sich erhöht und ein anderes vermindert wird. Die Bilanzsumme bleibt – genau wie beim

1

Aktivtausch – weiterhin konstant. Beispielhaft wäre die Hingabe eines Darlehens durch den Gesellschafter und anschließender Verzicht auf die Rückzahlung. Die zu Beginn erfasste Verbindlichkeit würde in voller Höhe in das Eigenkapital umgebucht werden.

Aufgabe: Größenkriterien

Die nicht börsennotierte Sonnenschirm AG erfüllte bis einschließlich 31.12.01 die Merkmale einer kleinen Kapitalgesellschaft. Ab dem 01.01.02 entwickelten sich die relevanten Größen wie folgt:

- In der Zeit vom 01.01.02 bis zum 30.08.02 erzielte die AG einen durchschnittlichen Umsatz von 3,75 Mio. €. In der Folgezeit beträgt der monatliche Umsatz dann noch 2,4 Mio. €. Im Jahr 04 sackt er dann auf 0,75 Mio. € ab.
- Die Arbeitnehmerzahl beträgt 160 bis zum ersten Quartal 04. Danach sieht sich das Unternehmen gezwungen 120 seiner Arbeitnehmer zu kündigen.
- Die Bilanzsumme beträgt zum Bilanzstichtag 31.12.02, 30.06.03 (Das Geschäftsjahr wurde umgestellt.) und 30.06.04 4 Mio. €.

Nach welchen Vorschriften muss die Sonnenschirm ihre Jahresabschlüsse in den Jahren 02 bis 04 erstellen bzw. welchen Umfang müssen diese haben?

<u>Lösung:</u>
Bilanzsumme: Dieses Merkmal überschreitet zum 31.12.02 sowie in den Jahren 03 und 04 nicht die Höhe von 6 Mio. € (§ 267 Abs. 1 Nr. HGB).

Umsatzerlöse: Die Höhe der Umsätze liegt in 02 bei 39,6 Mio. € (= 3,75 Mio. € * 8 + 2,4 Mio. * 4). Damit erfüllt die Gesellschaft das Kriterium einer mittleren Gesellschaft (§ 267 Abs. 2 Nr. 2 HGB). In 03 liegt der Umsatz noch bei 28,8 Mio. € (= 2,4 Mio. € * 12) und erfüllt ebenfalls das Kriterium einer mittleren Gesellschaft. Im Geschäftsjahr 04 liegt der Umsatz nur noch bei 9 Mio. €, damit erfüllt die Gesellschaft nur noch das Kriterium der kleinen Gesellschaft (§ 267 Abs. 1 Nr. 2 HGB).

Arbeitnehmerzahl: Die durchschnittliche Arbeitnehmerzahl liegt bei 160 Personen und erfüllt damit in den Jahren 02 bis 03 das Merkmal einer mittleren Gesellschaft (§ 267 Abs. 2 Nr. 3 HGB). Im Jahr 04 liegt die durchschnittliche Arbeitnehmerzahl zwar nur noch bei 70 ((= 160 + 40 + 40 +40) / 4), aber dies erfüllt immer noch das Merkmal der mittleren Gesellschaft (§ 267 Abs. 2 Nr. 3 HGB).

Merkmal	GJ 01	GJ 02	GJ 03	GJ 04
Bilanzsumme	Klein	Klein	Klein	Klein
Umsatzerlöse	Klein	Mittel	Mittel	Klein
Arbeitnehmer	Klein	Mittel	Mittel	Mittel
Ergebnis	Klein	Klein	Mittel	Mittel

Im Jahr 02 liegen damit zwei von drei Kriterien für eine mittlere Gesellschaft vor, da dies jedoch das erste Mal ist, wird die Sonnenschirm AG weiterhin als kleine Gesellschaft behandelt (§ 267 Abs. 4 HGB). Im Geschäftsjahr 03 erfüllt die Gesellschaft zum zweiten Mal in Folge das Größenkriterium der mittleren Gesellschaft. Somit ist sie in 03 als Mittlere Gesellschaft zu behandeln (§ 267 Abs. 4 HGB). In 04 werden wieder zwei von drei Kriterien der Größenklasse kleine Kapitalgesellschaft erfüllt. Allerdings ist dies die erste Periode, so dass hier die Gesellschaft weiterhin als mittlere Gesellschaft zu behandeln ist (§ 267 Abs. 4 HGB).

Aufgabe: Inventurpflicht, Rumpfgeschäftsjahr

Willy Brause ist als eingetragener Kaufmann (e.K.) unternehmerisch tätig. Er stellt sein Geschäftsjahr um, deshalb liegt für die Zeit vom 01.11. bis 31.12.01 ein Rumpfgeschäftsjahr vor. Am 31.10.01 hat er durch eine Inventur einen Warenbestand i.H.v. 150.000 € ermittelt.

Aus den Aufzeichnungen ergeben sich für November und Dezember 01 ein Wareneinkauf von 700.000 € und Warenverkaufserlöse von 800.000 €. Die Zusammensetzung des Warenbestandes hat sich nicht wesentlich verändert, folglich kann der Rohgewinn mit 25 % ziemlich genau geschätzt werden.

Willy Brause möchte wissen, ob er zum 31.12.01 einer Inventur durchführen muss oder der Wert des Warenbestandes am 31.12.01 anderweitig ermitteln kann.

<u>Lösung:</u>
Zum 31.12.01 braucht keine Inventur durchgeführt werden. Die Inventur vom 31.10.01 stellt zugleich eine vorverlegte Stichtagsinventur für die Bilanz zum 31.12.01 dar, gem. § 241 Abs. 3 Nr. 1 HGB.
Eine wertmäßige Fortschreibung der am Inventurstichtag erfassten Größen auf den Bilanzstichtag genügt, gem. § 241 Abs. 3 Nr. 2 HGB.

Wert Warenbestand zum Inventurstichtag		150.000 €
Wareneingang		+ 700.000 €
Umsatzerlöse	800.000 €	
Rohgewinn	./. 200.000 €	600.000 €
Wert Warenbestand zum Bilanzstichtag		650.000 €

<u>Aufgabe:</u> Bilanzierungsprinzipien (GoB)

Wie beurteilen Sie folgende Bilanz- und Wertansätze:

a) Der Unternehmer Willy Brause besitzt eine defekte Anlage, die er im laufenden Jahr noch reparieren lassen will. Daher vereinbart er im Oktober 01 mit dem Handwerker Bob, dass dieser seine Anlage zum Festpreis von 2.000 € reparieren soll. Bob hat allerdings im Geschäftsjahr 01 keine freien Kapazitäten mehr, allerdings versichert er Brause die Anlage im Januar 02 zum vereinbarten Preis zu reparieren. Als ordentlicher Kaufmann fühlt Brause sich verpflichtet, die Verbindlichkeit am 31.01.01 zu passivieren.

b) Unternehmer Willy Brause besitzt in seinem Betriebsvermögen ein Grundstück, das er vor vier Jahren zu 100.000 € angeschafft hat. Der Marktwert beträgt mittlerweile das Vierfache. Daher möchte Brause im Interesse der Bilanzwahrheit das Grundstück mit 400.000 € in der Bilanz ansetzen.

c) Unternehmer Willy Brause hat Warenforderungen in Höhe von 45.000 € und Warenschulden in Höhe von 23.000 € und weist daher in der Bilanz nur die Differenz in Höhe von 22.000 € aus.

d) Unternehmer Willy Brause hat eine Warenforderung gegen das Unternehmen Krause in Höhe von 15.000 €, gleichzeitig schuldet er diesem Unternehmen noch 8.000 € aus der letzten Warenlieferung und bilanziert daher nur die Differenz in Höhe von 7.000 €.

e) Unternehmer Willy Brause besitzt eine Beteiligung an der Schrott-AG, die offenbar wertlos ist, da die Schrott-AG das Insolvenzverfahren beantragt hat. Aus diesem Grund bilanziert Brause diese Beteiligung nicht mehr.

Lösung:

a) Da noch von keiner Seite im Geschäftsjahr 01 geleistet worden ist, handelt es sich um ein schwebendes Geschäft. Schwebende Geschäfte sind grundsätzlich nicht zu bilanzieren (Ausnahme: Rückstellungen für Verluste aus schwebenden Geschäften). Daher darf am 31.12.01 keine Verbindlichkeit passiviert werden. Allerdings ist eine Rückstellung für unterlassene Instandhaltung gem. § 249 Abs. 1 S. 2 Nr. 1 HGB zu bilden, da die Reparatur im folgenden Geschäftsjahr innerhalb von drei Monaten nachgeholt wird.

b) Gemäß dem Grundsatz der Bilanzwahrheit müsste das Grundstück mit 400.000 € bilanziert werden. Allerdings wird der Grundsatz der Bilanzwahrheit durch das Anschaffungs-/Herstellungskostenprinzip eingeschränkt. Danach bilden die Anschaffungs-/Herstellungskosten die Obergrenze der Bewertung, sodass das Grundstück weiterhin mit 100.000 € zu bilanzieren ist.

c) Die Verrechnung von Forderungen und Schulden verstößt gegen das Saldierungsverbot gem. § 246 Abs. 2 HGB.

d) Da hier Gläubiger und Schuldner identisch und Forderung und Schulden gleichartig sind, ist die Verrechnung zulässig.

e) Die Nicht-Bilanzierung verstößt gegen den Grundsatz der Vollständigkeit gem. § 246 HGB. Danach ist für wertlose Vermögensgegenstände eine Merkposten anzusetzen.

Aufgabe: Immaterieller Vermögensgegenstand (1)

Der Unternehmer G. Wood entwickelt eine neuartige Software. Er beabsichtigt diese langfristig für sein Unternehmen zu nutzen. Die nachstehenden Posten weisen einen Zusammenhang zur Software auf:

Posten	Betrag in €
Forschungskosten	70.000
Entwicklungskosten	95.000
Betriebliche Altersvorsorge	26.250
zurechenbare Löhne der Programmierer	125.255

a) Wie hoch sind die Herstellungskosten für die Software, wenn G. Wood einen hohen Gewinnausweis wünscht? Erläutern Sie Ihr Vorgehen.

b) Ergibt sich ein Unterschied, wenn Forschungs- und Entwicklungskosten nicht verlässlich getrennt werden könnten?

Lösung:

a) Ermittlung der Obergrenze der Herstellungskosten, da ein hoher Gewinnausweis gewünscht ist.

Posten	Betrag in €	Erläuterung
Forschungskosten	~~70.000~~	Ansatzverbot gem. § 255 II S. 4 HGB
Entwicklungskosten	95.000	Entwicklungskosten sind Bestandteil der Herstellungskosten gem. § 255 IIa S. 1 HGB
Betriebliche Altersvorsorge	26.250	Aufwendungen für die betriebliche Altersvorsorge dürfen gem. § 255 II S. 3 HGB bei der Ermittlung der Herstellungskosten erfasst werden.
zurechenbare Löhne der Programmierer	125.255	Zurechenbare Einzel- und Gemeinkosten stellen gem. § 255 II HGB einen Pflichtbestandteil der Herstellungskosten dar.
Herstellungskosten	**246.505**	

8

b) Forschungskosten entstehen im Zusammenhang mit der Suche nach bspw. neuen Technologien oder anderen wissenschaftlichen Erkenntnissen. Zu dem Zeitpunkt indem die Aufwendungen anfallen, kann über ein Erfolg oder Misserfolg nur spekuliert werden. (§ 255 IIa S. 3 HGB). Daher dürfen Forschungskosten nicht in den Herstellungskosten erfasst werden (§ 255 II S. 4 HGB). Entwicklung hingegen beschreibt die Phase in der Erkenntnisse aus der Forschungsphase angewendet werden können (§ 255 IIa S. 2 HGB). Sämtliche Aufwendungen aus der Entwicklungsphase stellen Bestandteile der Herstellungskosten dar (§ 255 IIa S. 1 HGB). Können Forschungs- und Entwicklungskosten nicht zweifelsfrei voneinander abgegrenzt werden, dürfen diese nicht bei der Ermittlung der Herstellungskosten berücksichtigt werden (§ 255 IIa S. 4 HGB). Für den vorliegenden Sachverhalt würden sich ohne Forschungs- und Entwicklungsaufwendungen Herstellungskosten i.h.v. 151.505 € ergeben.

<u>Aufgabe:</u> Immaterieller Vermögensgegenstand (2)
G. Wood kauft am 01.01.16 für 950.000 € die Bau-GmbH aus Greifswald. Folgende Informationen und Beträge (in €) sind gegeben:

Aktiva		Passiva	
Anlagevermögen	350.000	Eigenkapital	400.000
Umlaufvermögen	150.000	Schulden	100.000
	500.000		500.000

In den Aktiva ruhen 15 % stille Reserven. Stille Lasten sind nicht vorhanden. Die Abschreibung wird über zehn Jahre vorgenommen.

a) Ermitteln Sie die Höhe des Zeitwerts des Eigenkapitals sowie den derivativen Geschäfts- oder Firmenwert. Erläutern Sie Ihr Vorgehen.

b) Am Jahresende von 2017 fällt der Firmenwert auf 15.000 €. Im darauffolgenden Jahr 2018 entfällt der Abschreibungsgrund. Geben Sie die Bilanzansätze für die beiden Jahre an.

Lösung:

a) Der GoF stellt den Unterschiedsbetrag zwischen Kaufpreis und neubewertetem Eigenkapital dar. Das neubewertete Eigenkapital enthält die stillen Reserven und Lasten.

Posten	Betrag in Euro
Aktiva	500.000
+ stille Reserven (15%)	75.000
- Schulden	- 100.000
= Zeitwert des Eigenkapitals	**475.000**

Posten	Betrag in Euro
Kaufpreis	950.000
- Zeitwert des Eigenkapitals	- 475.000
= derivativer GoF	**475.000**
Abschreibung des GoF über die Nutzungsdauer von 10 Jahren ergibt einen jährlichen Abschreibungsbetrag von: 475.000 € : 10 Jahre = 47.500 €	

b)

	Betrag in Euro
Anschaffungskosten 2016	475.000
- Abschreibung 2016	- 47.500
= Restbuchwert 31.12.16	427.500
- Abschreibung 2017	- 47.500
= vorläufiger Restbuchwert	380.000
Wertminderung im Jahr 2017 auf 15.000 €: $$\frac{RBW - Stichtagswert}{Abschreibung\ pro\ Jahr} > \frac{1}{2}RND$$ $$\frac{380.000 - 15.000}{47.500} > \frac{1}{2} \times 8$$ Die Wertminderung liegt für mehr als die halbe Restnutzungsdauer vor. Infolgedessen muss eine außerordentliche Abschreibung auf 15.000 € vorgenommen werden (§ 253 III S. 5 HGB).	- 365.000
= Restbuchwert 31.12.2017	**15.000**
Der Restbetrag von 15.000 € wird über die verbleibende Restnutzungsdauer von 8 Jahren abgeschrieben: 15.000 € : 8 Jahre = 1.875 €	
- Abschreibung 2018	- 1.875
= Restbuchwert 2018	**13.125**
Die Zuschreibung auf die fortgeführten Anschaffungskosten darf gem. § 253 V S. 2 HGB nicht erfolgen.	

Aufgabe: Sachanlagevermögen (1)

G. Wood erwirbt am 01.01.16 ein bebautes Grundstück in Zentrumslage. Der Kaufpreis beträgt insgesamt 600.000 €. Auf Grund und Boden entfallen 30%, die verbliebenen 70% können dem mehrstöckigen Gebäude zugeordnet werden. Im Zusammenhang mit dem Kauf muss G. Wood 1.700 € Notargebühren und Grunderwerbsteuern i.h.v. 4% des Kaufpreises zahlen.

Am 01.10.2017 wird ein Anbau fertig gestellt. Die Kosten für den Architekten belaufen sich auf 45.000 €. Die Rechnung der Baufirma weist einen Betrag von 55.000 € aus. Die Abschreibung erfolgt gem. § 7 EStG mit 3% pro Jahr. Die Umsatzsteuer ist zu vernachlässigen.

In welcher Höhe müssen Grund und Boden sowie das Gebäude in der Bilanz in den Jahren 2016 und 2017 erfasst werden? Erläutern Sie Ihre Vorgehensweise.

Lösung:

Gebäude	Betrag in Euro
Kaufpreis (70%)	420.000
+ Notar (70% von 1.700 €)	1.190
+ Grunderwerbsteuer (4 % x 70 % x 600.000 €)	16.800
= Bilanzansatz	437.990
Das Gebäude stellt einen abnutzbaren Vermögensgegenstand des Sachanlagevermögens dar. Gem. § 253 III S. 1 HGB muss planmäßig abgeschrieben werden. Lt. Sach-	- 13.140

verhalt erfolgt dies i.H.v. 3 % pro Jahr. 437.990 x 3% ≈ 13.140 €	
= Restbuchwert zum 31.12.2016	424.850
Anteilige Abschreibungen bis zur Fertigstellung des Gebäudeanbaus am 01.10.2017: 13.140 x (9/12) ≈ 10.058 €	- 10.058
= vorläufiger Restbuchwert 30.09.17	414.792
Die Kosten für den Architekten und die Baufirma stellen nachträgliche Anschaffungskosten dar.	+ 100.000
= Bilanzansatz am 01.10.2017	514.792
Die nachträglichen Anschaffungskosten sind zur Ermittlung der neuen Abschreibung ab Oktober 2017 den ursprünglichen Anschaffungskosten hinzuzuzählen: 100.000 + 437.990 = 537.990 537.990 x 3 % ≈ 16.140 Für das Jahr 2017 wird darüber hinaus die Abschreibung von Oktober bis Dezember berücksichtigt: (3/12) x 16.140 = 4.035 €	- 4.035
= Restbuchwert 31.12.2017	510.757

Grund und Boden	Betrag in Euro
Kaufpreis (30 %)	180.000
+ Notar (30% von 1.700 €)	510
+ Grunderwerbsteuer (4% x 30% x 600.000 €)	7.200
= Bilanzansatz	187.710

Das Grundstück stellt einen nicht abnutzbaren Vermögens-gegenstand des Sachanlagevermögens dar. Daher erfolgt keine planmäßige Abschreibung. Der Bilanzansatz bleibt für alle Jahre konstant.
Lediglich bei außerplanmäßigen Abschreibungen kann eine Wertminderung erfolgen.

Aufgabe: Sachanlagevermögen (2)

Die Wood-GmbH kauft am 01.05.2016 eine neue Produktionsmaschine für 220.150 € (brutto) von der Wunderbar-GmbH. Aufgrund guter Geschäftsbeziehungen räumt die Wunderbar-GmbH der Wood-GmbH Skonto i.h.v. 1 % auf den Nettopreis ein. Zusätzlich entstehen aufgrund des Transports zur Produktionshalle Kosten i.h.v. 2.052,75 € (brutto). Beides begleicht die Wood-GmbH per Überweisung.

Um den Sicherheitsanforderungen zu genügen, muss die Wood-GmbH den Platz für die Maschine in der Produktionshalle mit spezielle Bodenplatten auslegen lassen. Die damit beauftragte Firma schließt die Arbeiten fristgerecht am 01.05.2016 ab und übergibt die Rechnung an den Geschäftsführer der Wood-GmbH. Diese weist einen Betrag von insgesamt 22.491 € (brutto) aus. Davon entfallen 8.925 € (brutto) auf die Bodenplatten, der restliche Betrag fällt für den Einbau an. Die Wood-GmbH überweist den Betrag fristgerecht.

Vor Inbetriebnahme der Maschine organisiert die Wood-GmbH einen Schulungstag für das Personal. Der Unterricht wird durch einen externen Lehrenden angeboten, der

für seine Tätigkeit eine Vergütung i.h.v. 150 € pro Person verlangt. Die Schulung wird von 5 Mitarbeitern der Wood-GmbH besucht.
Die Nutzungsdauer der Maschine wird verlässlich auf 10 Jahre geschätzt. Die Umsatzsteuer beträgt 19 %.

a) Ermitteln Sie die Höhe der Anschaffungskosten für die Produktionsmaschine. Erläutern Sie Ihre Vorgehensweise ausführlich. Die einschlägigen Paragraphen und die Buchungssätze sind anzugeben.

b) Ermitteln Sie die Wertentwicklung der Maschine für die Jahre 2016 bis 2018.

c) Der Wert der Produktionsmaschine sinkt am 31.12.2018 aufgrund eines technischen Schadens auf 119.525 €. Mit welchem Wert muss die Wood-GmbH die Maschine in der Bilanz erfassen? Begründen Sie Ihre Antwort.

Lösung:

a) Die Maschine stellt aufgrund der langfristigen Nutzungsabsicht für Betriebszwecke einen Bestandteil des Anlagevermögens dar. Daher ist sie mit ihren Anschaffungskosten gem. § 255 I HGB zu bewerten. Die Anschaffungs- und Anschaffungsnebenkosten müssen aufwandsgleiche Kosten sein. Etwaige Preisminderungen (bspw. Skonti) gehören nicht zu den Anschaffungskosten und müssen abgezogen werden (§ 255 I S. 3 HGB). Zur Aktivierung dürfen nur Kosten herangezogen werden, die einen unmittelbaren Zusammenhang zur Maschine aufweisen und im Zusammenhang mit dem Kauf oder der Inbetriebnahme

15

stehen. Bei der Maschine handelt es sich um einen abnutzbaren Gegenstand, welcher planmäßigen und bei dauerhafter Wertminderung außerplanmäßigen Abschreibungen unterliegt (§ 253 III HGB). Die planmäßige Abschreibung wird über die Nutzungsdauer (10 Jahre) anteilig vorgenommen.

Die Anschaffungskosten ermitteln sich wie folgt:

Anschaffungskosten Maschine	Betrag in €
Der Erwerb der Maschine stellt zwingend einen Bestandteil der Anschaffungskosten dar. Da die GmbH vorsteuerabzugsberechtigt ist, muss der Netto-Betrag ermittelt und zusätzlich um 1 % Skonto gemindert werden. (220.150 € : 1,19) x 99%	183.150
Die Transportkosten stehen im engen Zusammenhang mit der Inbetriebnahme der Maschine. Daher bilden diese Anschaffungsnebenkosten, welche zu aktivieren sind. Die Umsatzsteuer ist abzugsfähig. (2.052,75 € : 1,19)	1.725
Die Installation der Bodenplatten stellt eine notwendige Maßnahme zur Herstellung eines betriebsbereiten Zustands dar. Die Kosten für Platten und deren Einbau dürfen i.H.v. des Netto-Betrages den Anschaffungskosten zugerechnet werden. (22.491 € : 1,19)	18.900
Die Schulung durch den externen Mitarbei-	0

ter weist keinen Zusammenhang zur Inbetriebnahme der Maschine auf. Das Knowhow des Personals ist nicht aktivierungsfähig und stellt damit keinen Bestandteil der Anschaffungskosten der Maschine dar.	
= Anschaffungskosten	**203.775**

Buchungssätze:

(1) Maschine (Kaufpreis) 183.150 an Bank 217.948,5
    Umsatzsteuer 34.798,5

(2) Maschine (Transport) 1.725 an Bank 2.052,75
    Umsatzsteuer 327,75

(3) Maschine (Platten) 18.900 an Bank 22.491
    Umsatzsteuer 3.591

(4) Mitarbeiteraufwand 750 an Bank 750

b) Wertentwicklung der Maschine:
Die Abschreibung erfolgt über die Nutzungsdauer von zehn Jahren. Damit ergibt sich pro Jahr folgender Abschreibungsbetrag:
203.775 € : 10 Jahre = 20.377,50 €/Jahr

Produktionsmaschine	Betrag in €
Anschaffungskosten (01.05.2016)	203.775
- Abschreibung 2016	- 13.585
Aufgrund unterjähriger Anschaffung erfolgt die Abschreibung pro rata temporis für Mai bis Dezember. (203.775 : 10) x (8/12) = 13.585 €	

= Restbuchwert 31.12.2016	190.190
- Abschreibung 2017	- 20.377,50
= Restbuchwert 31.12.2017	169.812,50
- Abschreibung 2018	- 20.377,50
= Restbuchwert 31.12.2018	149.435

c) Die Wertminderung der Maschine besteht nicht für mindestens die halbe Restnutzungsdauer. Gem. § 253 III HGB darf in derartigen Fällen keine außerplanmäßige Wertminderung vorgenommen werden. Der Bilanzansatz i.H.v. 149.435 € wird fortgeführt.

Aufgabe: Anlagegitter

Das Inventar der Brause GmbH weist zum 01.01.01 folgendes aus:

Position:	VG:	AK:	BW:
22	...		
23	**Geschäfts- oder Firmenwert**	**200.000 €**	**40.000 €**
24	...		
35	**Blauer Transporter**	**30.000 €**	**0 €**
36	**Zentraler Server**	**15.000 €**	**10.000 €**
37	...		
55	**3000 Aktien Sonnenschirm AG**	**120.000 €**	**90.000 €**
56	...		

Zur bilanziellen Behandlung der oben genannten Vermögensgegenstände ist folgendes bekannt:

- Position 23: Der Geschäfts- und Firmenwert hat eine Nutzungsdauer von 5 Jahren und wird entsprechend mit 20 % pro Jahr abgeschrieben.
- Position 35: Der blaue Transporter wurde am 21.05.01 durch einen Unfall vollständig zerstört. Die Versicherung bezahlt eine Entschädigung i.h.v. 6.000 €. Gem. den steuerrechtlichen Vorschriften (R 6.6 EStR) wird die Zahlung der Versicherung von den Anschaffungskosten des neuen roten Transporters abgezogen. Der zum 01.10.01 neu erworbene rote Transporter hat eine handels- sowie steuerrechtliche Nutzungsdauer von 6 Jahren. Auf der Grundlage dieser Schätzung wurde der neue Transporter im Jahr 01 zu 1/6 abgeschrieben. Der steuerliche Abschreibungsbetrag beläuft sich auf 6.000 €.
- Position 36: Der zentrale Server wird jährlich um 1/3 abgeschrieben.
- Position 55: Die Aktien der Sonnenschirm AG wurden zum Aufbau einer dauerhaften Geschäftsbeziehung erworben. Allerdings musste zur Überbrückung eines Liquiditätsengpasses 1/3 der Aktien zum 23.07.01 veräußert werden. Zum 31.12.01 stieg der Aktienkurs auf 50 €. Dies wird durch eine entsprechende Zuschreibung erfasst.
- Neu: Am 11.01.01 wurde eine Spezialmaschine geliefert. Deren Anschaffungskosten belaufen sich auf 60.000 €, die Abschreibungen auf 5.000 €. Der Lieferant hat zwei Anzahlungen im Wert von je

3.000 € gefordert. Die erste wurde am 01.11.00 geleistet. Die zweite folgte am 01.02.01.

Stellen Sie das Anlagengitter der Brause GmbH für 01 in vereinfachter Form auf. Die nach § 268 Abs. 2 S. 3 HGB zu machenden Angaben, sind zu erstellen.

Lösung:

		Anschaffungskosten in T €	Zugänge in T €	Abgänge in T €	Umbuchungen des GJ in T €	Zuschreibungen in T €	Abschreibungen (kum.) in T €	Buchwert 31.12.01 in T €	Abschreibungen 01 in T €
A.	Anlagevermögen								
I.	IVG:								
	Geschäfts oder Firmenwert	200,00		200,00				-	40,00
II	Sachanlagen								
1.	Maschinen		57,00		+ 3,00		5,00	55,00	5,00
2.	BGA	45,00	42,00	30,00			11,75	45,25	6,75
3.	Anzahlungen	3,00			./. 3,00				
III.	Finanzanlagen:								
	Aktien	120,00		40,00		20,00	20,00		
		368,00	99,00	270,00	0	20,00	36,75	100,25	51,75

Erläuterungen:

GoF: Der Firmenwert muss als Abgang erfasst werden. Seine Nutzungsdauer ist abgelaufen. Daher sind auch die kumulierten Abschreibungen i.H.v. 200.000 € (= 160.000 € + 40.000 €) herauszunehmen.

20

Anzahlung für Maschine: Die in 01 geleistete Anzahlung für die Maschine wurde als Zugang erfasst. Die Anzahlung als Zugang bei den Anzahlungen zu erfassen und dann umzubuchen, vernachlässigt die Stichtagsbezogenheit der Umbuchungsspalte.

Die für das neue Kraftfahrzeug genutzte steuerliche einer Ersatzbeschaffungsrücklage gem. R 6.6 EStR, darf seit der Aufhebung der umgekehrten Maßgeblichkeit handelsrechtlich nicht mehr genutzt werden. Die Ersatzbeschaffungsrücklage stellt ein Wahlrecht dar, dass den GoB nicht entspricht. Folglich ist deren Nutzung seit dem BilMoG nur noch steuerbilanziell zulässig. Die Abschreibungen für die BGA stellen sich wie folgt dar:

Stand 01.01.01 (blauer Transporter & EDV-Anlage)	35.000 €
Abschreibungen 01	
(EDV-Anlage: 5.000 €, rotes Kfz: 1.750 €)	+ 6.750 €
Abgänge 01 (blauer Transporter)	./. 30.000 €
Stand 31.12.01 (rotes Kfz und EDV-Anlage)	11.750 €

Der Verkauf der Aktien führt zum Abgang der Anteile zu Anschaffungskosten. Die Abschreibungen entwickeln sich wie nachfolgend dargestellt:

Stand 01.01.01	30.000 €
Abgang 01 (Verkauf der Aktien)	./. 10.000 €
Stand 31.12.01	20.000 €

Durch die Wertsteigerung der Anteile und die daraufhin folgende Zuschreibung saldieren sich diese auf 0 €.

Aufgabe: Finanzanlagen (1)

Die Wood-GmbH benötigt Ihre Hilfe bei der Bewertung und Zuordnung der folgenden Sachverhalte:

a) Die Wood-GmbH hält seit einigen Jahren 75 % der Anteile an der Mini-Wood-AG. Der beherrschende Einfluss gem. § 290 HGB besteht von Anbeginn. In der Bilanz ist der Posten mit einem Betrag von 1.758.266 € erfasst worden. Zum Bilanzstichtag am 31.12.16 beträgt der Wert kurzfristig 1.650.000 €.

b) Die Wood-GmbH hält 2 % der Anteile an der Sun-AG. Diese Investition wurde mit der Absicht einer langfristigen Haltedauer aufgrund gleichbleibend hoher Dividenden der letzten Jahre getätigt. Die ursprünglichen Anschaffungskosten im Jahr 2013 beliefen sich auf 24.000 €. Aufgrund einer Wertschwankung wurden in der letzten Schlussbilanz (31.12.2015) lediglich 17.000 € ausgewiesen. Wie zu erwarten, ist der Wert im Jahr 2016 rasant angestiegen, sodass die Anteile am 31.12.2016 einen Wert von 24.000 € aufweisen.

c) Die Wood-GmbH hält seit mehreren Jahren 24 % an der Woody-AG. Das Ziel ist die Produktionsstrukturen aufeinander anzupassen, sodass die Woody-AG langfristig als Zulieferer der Wood-GmbH agieren soll. Der bisherige Bilanzansatz bei der Wood-GmbH beträgt 48.500 €. Aufgrund eines öffentlich gewordenen Skandals der Woody-AG sinkt der Wert voraussichtlich dauerhaft auf 15.400 €.

Geben Sie an, welche Unterkonten der Finanzanlagen betroffen sind. In welcher Höhe kann die jeweilige Erfassung erfolgen?

Lösung:

a) Die Mini-Wood-GmbH stellt aufgrund des beherrschenden Einflusses der Wood-GmbH (Mutterunternehmen) ein Tochterunternehmen (§ 271 II HGB) dar. Der Ausweis erfolgt gem. § 266 II A. III Nr. 1 HGB im Sachanlagevermögen unter 1. Anteile an verbundenen Unternehmen. Die Höhe der Bewertung der Anteile ergibt sich gem. § 253 I HGB. Die Erfassung kann i.H.d. ursprünglichen Bewertung (1.758.266 €) fortgeführt werden oder bei Ausnutzung des Wahlrechts gem. § 253 III S. 4 HGB mit dem niedrigeren Wert (1.650.000 €) erfolgen.

b) Die 2 % an der Sun-AG werden den Wertpapieren des Anlagevermögens (§ 266 II A. III Nr. 5 HGB) zu geordnet. Diese Verbindung ist weder als Beteiligung noch als verbundenes Unternehmen gem. § 271 HGB zu klassifizieren. Hinsichtlich der Bewertung muss festgehalten werden, dass in der vorherigen Periode das Wahlrecht für außerplanmäßige Abschreibungen bei nicht dauerhafter Wertminderung (§ 253 III S. 4 HGB) vorgenommen wurde. Bei Wegfall des Abschreibungsgrundes ist zwingend eine Zuschreibung vorzunehmen (§ 253 V HGB). Diese ist jedoch auf die Höhe der ursprünglichen Anschaffungskosten beschränkt. Der Ausweis am 31.12.2016 erfolgt i.h.v. 24.000 €.

c) Die Anteile an der Woody-AG stellen aufgrund der Höhe und der beabsichtigten langfristigen Zusammenarbeit mit der Wood-GmbH eine Beteiligung gem. § 271 I HGB dar. Diese ist entsprechend gem. § 266 II A III Nr. 3 HGB auszuweisen. Hinsichtlich der Höhe der Bewertung besteht gem. § 253 III HGB eine eindeutige Pflicht zur außerordentlichen Abschreibung auf den dauerhaft niedrigeren Wert. Der Ansatz erfolgt i.h.v. 15.400 €.

Aufgabe: Finanzanlagen (2)

Die Wood-GmbH benötigt Ihre Unterstützung bei der Behandlung der folgenden Sachverhalte:

a) Die Wood-GmbH gewährt ihrem Tochterunternehmen - der Mini-Wood-AG – am 01.01.16 ein zehnjähriges Darlehen zur Finanzierung von dringend benötigtem Sachanlagevermögen. Die beiden Parteien einigen sich auf einen endfälligen Betrag i.h.v. 800.000 €, welcher einer jährlichen Verzinsung von 3 % unterworfen wird.

b) Die Wood-GmbH gewährt am 01.01.16 einem langjährigen Mitarbeiter ein Darlehen i.h.v. 1.000 €. Als Verzinsung wurden 6 % vereinbart. Die Rückzahlung erfolgt vereinbarungsgemäß am 30.06.2016.

c) Die Wood-GmbH gewährt am 01.05.16 dem Sohn des Geschäftsführers ein endfälliges Darlehen i.h.v. 550.000 €. Die Laufzeit beträgt drei Jahre bei einer jährlichen Verzinsung von 4,5 %.

Geben Sie an, welche Unterkonten der Finanzanlagen betroffen sind. Stellen Sie die dazugehörigen Buchungssätze auf.

Lösung:

a) Die Wood-GmbH gewährt ihrem Tochterunternehmen am 01.01.16 ein langfristiges Darlehen, welches zwingend dem Anlagevermögen zugeordnet werden muss. Aufgrund der Beteiligungsstruktur erfolgt der Ausweis bei der Wood-GmbH unter Ausleihungen an verbundene Unternehmen (§ 266 II A III Nr. 2 HGB). Die dazugehörigen Buchungssätze lauten wie folgt:

(1) Ausleihungen an verb. Unt. an Bank 800.000

(2) Bank an Zinsertrag 24.000

✎ Buchungssatz (2) wird für jedes Jahr der Laufzeit wiederholt.

(3) Bank an Ausleihungen an verb. Unt. 800.000

b) Die Gewährung des kurzfristigen Darlehens einem Mitarbeiter gegenüber gehört nicht zu dem Posten der Finanzanlagen. Dies liegt darin begründet, dass aufgrund der kurzen Leihdauer nicht von einem Vermögensgegenstand des Anlagevermögens ausgegangen werden darf. Vielmehr handelt es sich um einen sonstigen Vermögensgegenstand (§ 266 II B. II Nr. 4 HGB). Die buchhalterische Erfassung ergibt sich wie folgt:

(1) Sonst. Vermögensgegenstände an Bank 1.000

(2) Bank an Zinsertrag 60

(3) Bank an sonst. Vermögensgegenstände 1.000

c) Die Vergabe des Darlehens an den Sohn des Geschäftsführers muss aufgrund der Laufzeit von drei Jahren zwingend
dem Anlagevermögen zugeordnet werden. Der Ausweis
findet gem. § 266 II A III Nr. 5 HGB als sonstige Ausleihung statt. Die dazugehörigen Buchungssätze lauten:

(1) sonst. Ausleihungen an Bank 550.000

(2) Bank an Zinsertrag 12.375

(3) Bank an Zinsertrag 24.750

↳ Buchungssatz (3) muss für jedes volle Jahr der restlichen Laufzeit wiederholt werden.

(4) Bank an sonst. Ausleihungen 550.000

Aufgabe: Vorräte (1)

Die Wood-GmbH benötigt bei der bilanziellen Erfassung
der folgenden Sachverhalte Ihre Unterstützung:

a) Die Wood-GmbH schließt am 12.12.2016 mit der
Woody-GmbH einen Vertrag über den Bau einer dringend benötigten speziellen Produktionsmaschine ab.
Vertraglich ist eine zu zahlende Gesamtsumme i.H.v.
255.850 € (brutto) vereinbart, lediglich 3% des Preises
müssen bis zum 31.12.2016 auf dem Konto der Woody-
GmbH eingegangen sein. Die Herstellung und Lieferung der Maschine erfolgt im Jahr 2017. Geben Sie
den Buchungssatz an.

b) Die Wood-GmbH schließt mit der Handelsgewerbe-
GmbH einen Kaufvertrag über die Lieferung von 4.500
Nachtschränken für 65,50 €/Stück (netto) ab. Die
Wood-GmbH produziert insgesamt 8.000 Nach-
schränkchen, die dazugehörigen Herstellungskosten

belaufen sich auf 34,70 €/Stück. Weitere Nachtschränke veräußert die Wood-GmbH bis zum 31.12.2016 nicht. Geben Sie den Buchungssatz an.

c) Die Wood-GmbH erwirbt zu folgenden Zeitpunkten größere Mengen an Holzbrettern, welche sie für die Produktion weiterer Nachtschränke einsetzen möchte. Ein Anfangsbestand ist nicht vorhanden. Folgende Übersicht über die Zugänge wird Ihnen vorgelegt:

Zugänge	in Quadratmeter	Preis je qm in €
15.03.2016	125	6,50
09.05.2016	65	7,20
19.10.2016	80	8,80
13.12.2016	130	5,50
Endbestand 31.12.	50	?

Die Erfassung soll mittels des gewogenen Durchschnitts erfolgen.

d) Ergibt sich eine Abweichung, wenn die Zugänge aus Teilaufgabe c) mittels des Lifo-Verfahrens bewertet werden? Ermitteln Sie den abweichenden Bewertungsansatz.

e) Ergibt sich eine Abweichung, wenn die Zugänge aus Teilaufgabe c) mittels des Fifo-Verfahrens bewertet werden? Ermitteln Sie den abweichenden Bewertungsansatz.

Ermitteln Sie für jeden Sachverhalt die korrekte bilanzielle Behandlung. Erläutern Sie Ihre Vorgehensweise dabei

ausführlich. Beachten Sie ebenso die Anweisungen innerhalb der Teilaufgaben. Die Umsatzsteuer beträgt 19 %.

Lösung:
a) Die Wood-GmbH bezahlt den restlichen Kaufpreis für die
Maschine erst im darauffolgenden Jahr. Die Zahlung
i.h.v. 3 % stellt eine „geleistete Anzahlung" für eine bislang nicht erbrachte Lieferung (Woody-GmbH liefert Maschine zu einem späteren Zeitpunkt) dar. Aufgrund der
ausstehenden Gegenleistung wird dieser Posten erst nach
Abschluss dem Vermögen/Aufwand zugeordnet. Der Posten geleistete Anzahlung stellt eine Art Forderung der
Wood-GmbH gegenüber der zur Lieferung verpflichteten
Woody-GmbH dar. Aufgrund der Annahme der Kurzfris-
tigkeit wird diese dem Umlaufvermögen zugeordnet. Erst
im Zeitpunkt der Lieferung wird die geleistete Anzahlung
gegen die Verbindlichkeit gebucht und der restliche Betrag per Banküberweisung beglichen.
2016:
(1) gel. Anz.   6.450
    VSt   1.225,5 an   Bank 7.675,5
2017:
(2) Maschine   215.000
    VSt   40.850   an Verbl. 255.850
(3) Verbl.   7.675,5 an   gel. Anz. 6.450
                                   VSt   1.225,5
(4) Verbl. 248.174,5   an   Bank 248.174,5
b) Die Wood-GmbH produziert insgesamt 8.000 Nachtschränke, welche insgesamt zu Herstellungskosten von
227.600 € führen. Da die Nachtschränke zu Veräuße-
rungszwecken erstellt werden, müssen diese bei Verblei-

28

ben dem Vorratsvermögen des Umlaufvermögens (fertige Erzeugnisse) zugeordnet werden. Die Erhöhung der Bestandsveränderung betrifft lediglich die nicht verkauften 3.500 Exemplare. Die Bewertung erfolgt zu Herstellungskosten i.h.v. 121.450 € (3.500 Stück x 34,70 €/Stück). Somit ergeben sich folgende Buchungssätze:

(1) Fertige Erzeugnisse an Bestandsmehrung 121.450

(2) Ford. L&L 350.752,5   an   UE 294.750

                                        USt 56.002,5

c) Die Holzbretter werden dem Vorratsvermögen zugeordnet, da diese für die Weiterverarbeitung bestimmt sind. Die Bewertung des Vorgangs kann gem. § 240 IV HGB aufgrund der Gleichartigkeit mit dem gewogenen Durchschnitt erfolgen. Bei dieser Methode wird der Durchschnitt für das gesamte Jahr ermittelt und zur Bewertung des Restbestands herangezogen.

Zugänge	qm	€/qm	Gesamtbetrag in €
15.03.2016	125	6,50	(125 x 6,50) 812,50
09.05.2016	65	7,20	468,00
19.10.2016	80	8,80	704,00
13.12.2016	130	5,50	715,00
Summe	**400**		**2.699,50**
31.12.2016	**50**	**6,67**	**333,50**

Zur Ermittlung des Durchschnittspreises pro Quadratmeter muss der Gesamtbetrag des Jahres durch die Gesamtquadratmeterzahl geteilt werden:

$$\frac{2.699,50\ €}{400\ qm} = 6,67375 \approx 6,67\ €/qm$$

Die Bewertung der Holzbretter erfolgt i.h.v. 333,50 €.

d) Das Lifo-Verfahren (Last-in-first-out) gehört zu den Bewertungsvereinfachungsverfahren gem. § 256 i.V.m. § 240 III HGB. Dieses unterstellt eine Verbrauchsreihenfolge der gleichartigen Güter, die dennoch eine verlässliche Wertermittlung für den Bilanzansatz ermöglicht. Bei Anwendung von Bewertungsvereinfachungsverfahren sind keine jährlichen körperlichen Bestandsaufnahmen nötig. Somit besteht neben dem geringeren Inventuraufwand eine Vereinfachung für die Ermittlung der Anschaffungskosten bei sich stetig ändernden Preisen und gleichartiger Güterzusammensetzungen. Die allgemeine Gültigkeit des strengen Niederstwertprinzips für Güter des Umlaufvermögens bleibt von dem Bewertungsvereinfachungsverfahren unberührt.

Die gesamten Zugänge im Jahr 2016 belaufen sich auf 400 qm Holzbretter. Diesen muss der Restbestand gegenüber gestellt werden, sodass ersichtlich wird welcher Preis zur Ermittlung des Wertansatzes herangezogen werden muss. Entsprechend des Lifo-Verfahrens werden die zuletzt angeschafften Güter zuerst verbraucht, sodass die Preise der ersten Beschaffungen zur Bewertung herangezogen werden.

Verbraucht wurden im Jahr 2016:
$$400 \text{ qm} - 50 \text{ qm} = 350 \text{ qm}$$

Es wurde kein Anfangsbestand ausgewiesen, sodass zur Bewertung der Preis des ersten Zugangs (EB = 50 qm < Zugang 125 qm) herangezogen werden muss:
$$50 \text{ qm} \times 6{,}50 \text{ €/qm} = 325{,}00 \text{ €}$$

Der Bilanzansatz beträgt nach dem Lifo-Verfahren 325,00 €.

e) Das Fifo-Verfahren (first-in-first-out) stellt ebenso ein Bewertungsvereinfachungsverfahren dar (§ 256 i.V.m. § 240 III HGB). Das Fifo-Verfahren unterstellt im Gegensatz zum Lifo-Verfahren lediglich eine umgekehrte Verwendungsreihenfolge, ist ansonsten jedoch identisch anzuwenden. Der Gesamtbetrag der Zugänge umfasst 400 qm Holzbretter und die Abgänge 350 qm. Da das Fifo-Verfahren der Annahme folgt, dass zuerst zugegangene Güter zuerst verbraucht werden, muss zur Bewertung der Preis des bzw. der letzten Zugänge herangezogen werden. (EB 50 qm < 130 qm)

Ein Anfangsbestand wurde nicht ausgewiesen und muss somit in der Ermittlung nicht berücksichtigt werden.

50 qm x 5,50 €/qm = 275,00 €

Der Bilanzansatz für die Holzbretter erfolgt i.H.v. 275,00 €.

Anhand der drei Bewertungsmethoden (gewogener Durchschnitt, Lifo- und Fifo-Verfahren) wird bereits deutlich, dass sich eklatante Unterschiede allein aufgrund des gewählten Verfahrens ergeben können.

Aufgabe: Vorräte (2)

G. Wood – der Geschäftsführer der Wood-GmbH – weist seit 2013 für die in der Produktion benötigten Schrauben einen Festwert i.H.v. 10.000 € aus. Da es sich um Roh-, Hilfs- und Betriebsstoffe handelt die regelmäßig wiederbeschafft werden und welche monetär eine untergeordnete

Bedeutung aufweisen, wurde seitens des Finanzamtes bislang nichts beanstandet. G. Wood ist sich jedoch unsicher, ob er eine Wertanpassung vornehmen muss. Folgende Informationen kann er Ihnen bereitstellen:

Jahr	Anschaffungskosten in €
2012	10.000
2013	10.500
2014	11.500
2015	9.500
2016	12.000

Erläutern Sie die Ermittlung des Festwertes für G. Wood und gehen Sie ebenso auf die Besonderheiten ein, die mit dem Ausweis einhergehen. Nehmen Sie Stellung, ob G. Wood eine Anpassung im Jahr 2016 vornehmen muss.

Lösung:

Das Festwertverfahren stellt ebenfalls ein zulässiges Bewertungsvereinfachungsverfahren gem. § 240 III HGB dar. Dieses gilt für Güter des Sachanlagevermögens (Anlagevermögen) und für Roh-, Hilfs- und Betriebsstoffe (Umlaufvermögen) sofern Art/Menge/Wert der Güter als überwiegend stetig angenommen werden kann. Es wird unterstellt, dass sich Verbrauch/Abnutzung und Neuanschaffung pro Jahr ungefähr aufwiegen. Insgesamt darf die Position lediglich von untergeordneter Bedeutung für das Unternehmen sein. Dies ist regelmäßig der Fall wenn der Wert kleiner ist als 5% der Bilanzsumme. Der Festwert tritt an die Stelle der Einzelbewertung und wird in jedem Jahr in gleicher Höhe ausgewiesen. Infolgedessen werden bei Ausweis eines Festwertes die tatsächlichen Anschaffungskosten im Jahr als Aufwand erfasst. Der Festwert selber unterliegt jedoch keiner Abschreibung, da anderenfalls eine doppelte aufwandswirksame Erfassung die Folge wäre. Eine klassische Inventur durch körperliche Bestandsaufnahme ist alle drei Jahre durchzuführen, um etwaige Änderungen am Festwert verlässlich vornehmen und den ungefähren tatsächlichen Wert abbilden zu können.

Jahr	Anschaffungskosten in €	Bilanzausweis in € 31.12.xx
2012	10.000	o.A.
2013	10.500	10.000
2014	11.500	10.000
2015	9.500	10.000
2016	12.000	s.u.

Nach drei Jahren muss eine körperliche Bestandsaufnahme vorgenommen werden, um etwaiges Änderungspotential zu berücksichtigen. Die Höhe des Festwertes ist i.S.d. Verwaltung bei 40%-50% der durchschnittlichen Anschaffungs-/Herstellungskosten erreicht. Bei der Überprüfung des Festwertes können drei Fälle entstehen:

1. Ist der neue Festwert kleiner als der bisherige Festwert, kann der Wert (nach Inventur) angesetzt werden.

2. Der neue Festwert übersteigt den bisherigen um maximal 10%, sodass der bisherige beibehalten werden kann.

3. Sobald der neue Wert mehr als +10% abweicht, ist eine Erhöhung des bisherigen Festwertes zwingend erforderlich. Die Erhöhung erfolgt über die Zuschreibung der tatsächlich geleisteten Anschaffungs-/Herstellungskosten.

Der Durchschnittswert der letzten drei Jahre liegt bei 11.000 €. Die Abweichung zum bisherigen Festwert beträgt 10%, sodass dieser für 2016 noch beibehalten werden darf. Sobald die Kriterien zum Ansatz eines Festwertes nicht mehr angenommen werden können, muss fortan die Einzelbewertung durchgeführt werden.

Aufgabe: Forderungen (1)

Die Wood-GmbH benötigt Ihre Hilfe bei der bilanziellen Erfassung der nachfolgenden Sachverhalte:

a) Die Wood-GmbH leiht am 01.01.2016 einem langjährigen Mitarbeiter den Betrag von 1.000 €. Zu jedem Monatsende werden 2 % Zinsen fällig. Als Rückzahlungstermin wurde der 30.06.2016 vereinbart.

b) Die Wood-GmbH schließt mit der Wood&Fun-AG einen Vertrag über die Lieferung von 65 Holzschreibtischen auf Ziel zu jeweils 180 € (netto) ab. Die Herstellungskosten belaufen sich auf 80 € pro Stück. Die Lieferung der Tische erfolgt fristgerecht. Die Zahlung der Wood&Fun-AG geht kurze Zeit später ein. Zusätzlich erfahren Sie, dass die Wood-GmbH 28 % an der Wood&Fun-AG hält, mit welcher sie eine intensive Geschäftsbeziehung pflegt.

c) Die Wood-GmbH schließt mit ihrem Tochterunternehmen – der MiniWood-AG – einen Vertrag über die
   Lieferung von 150 Holzbrettern zu je 8,50 € (netto) auf
   Ziel ab. Der Einkaufspreis lag bei 6,00 € (netto). Die
   Wood-GmbH liefert die Bretter am 01.11.2016 fristgerecht an das Tochterunternehmen. Die MiniWood-AG
   überweist den offenen Betrag vier Wochen später.

d) Die Wood-GmbH gewährt der Tochter des Geschäftsführers zur Finanzierung ihrer Eigentumswohnung am
   01.0.2016 einen endfälligen Kredit über 450.000 €.
   Vereinbart wurde eine jährliche Verzinsung i.H.v. 6
   %. Die Laufzeit beträgt 8 Jahre.

e) Die Sun-AG schließt mit der Wood-GmbH einen Vertrag auf Ziel über die Lieferung von 70 Holznach-
   schränkchen zu jeweils 95,00 € (netto) ab. Der Einkaufspreis pro Schränkchen für die Wood-GmbH beträgt 45,00 € (netto). Die Wood-GmbH liefert fristgerecht am 04.10.2016, der Zahlungseingang wird am
   06.11.2016 auf dem betrieblichen Konto erfasst.

Erläutern Sie die Erfassung der o.g. Sachverhalte ausführlich. Geben Sie darüber hinaus die betroffenen Konten
sowie die Buchungssätze an. Die Umsatzsteuer beträgt 19
%.

Lösung:

a) Die Erfassung der kurzfristigen (6 Monate andauernden)
   Ausleihung erfolgt unter dem Konto sonstige Vermögensgegenstände i.H.v. 1.000 €. Die buchhalterische Erfassung
   ergibt sich wie folgt:

(1) sonst. Vermögensgegenstände an Bank 1.000

(2) Bank an Zinsertrag 20

↳ Buchungssatz (2) wird für jeden Monat wiederholt indem die Zinszahlung eingeht.

(3) Bank an sonst. Vermögensgegenstände 1.000

b) Die Erfassung des Verkaufs der Schreibtische erfolgt unter dem Konto Forderungen gegen Unternehmen, mit denen ein Beteiligungsverhältnis besteht. Das Verhältnis zur Wood&Fun-AG wird gem. § 271 I HGB als Beteiligungsverhältnis bei der Wood-GmbH unter dem Konto Beteiligungen (§ 266 II A. III Nr. 3 HGB) erfasst. Die Höhe der Brutto-Forderung beträgt:

(65 Stück x 180 €/Stück) x 1,19 = 13.923 €

Die Höhe der Netto-Forderung beträgt:

65 Stück x 180 €/Stück = 11.700 €

Die Höhe der Umsatzsteuer beträgt:

13.923 € - 11.700 € = 2.223 €

Die Höhe der fertigen Erzeugnisse beträgt:

65 Stück x 80 €/Stück = 5.200 €

Die Höhe der Umsatzerlöse beträgt:

11.700 – 5.200 € = 6.500 €

(1) Ford.geg. Unt. Bet. 13.923 an UE 11.700

USt 2.223

(2) Bank 13.923 an Ford. geg. Unt. Bet. 13.923

c) Da die MiniWood-AG ein Tochterunternehmen der Wood-GmbH ist, erfolgt die Erfassung der Forderung bei der Wood-GmbH unter dem Konto Forderungen gegen verbundene Unternehmen. Die Höhe der Netto-Forderung beträgt 1.275 € (150 Stück x 8,50 €/Stück). Da Forderungen mit dem Bruttobetrag erfasst werden, muss die Um-

satzsteuer i.H.v. 19 % berücksichtigt werden. Der Bruttobetrag der Forderung beträgt 1.517,25 €. Die Belastung
durch die Umsatzsteuer beträgt 19 % und somit 242,25 €.
Die Höhe des Wareneinsatzes beträgt 900 € [(8,50 €/Stück
– 6,00 €/Stück) x 150 Stück].

(1) Ford. geg. verb. Unt. 1.517,25 an   USt   242,25
                                         UE 1.275,00

(2) Bank 1.517,25 an Ford. geg. verb. Unt. 1.517,25

d) Die Ausleihung an die Tochter stellt aufgrund der achtjäh-
rigen Leihdauer keinen sonstigen Vermögensgegenstand
des Umlaufvermögens dar. Die Laufzeit führt zur Erfassung des Kredits im Anlagevermögen der Wood-GmbH
unter dem Konto sonstige Ausleihungen (gem. § 266 II A.
III Nr. 6 HGB).

(1) sonst. Ausleihung 450.000 an Bank 450.000

(2) Bank 27.000 an Zinsertrag 27.000

↳ Buchungssatz (2) muss aufgrund der wiederkehrenden
Zinszahlungen durch die Tochter für jedes Jahr der Laufzeit wiederholt werden

(3) Bank 450.000 an sonstige Ausleihungen 450.000

e) Der Vertrag über die Lieferung der Schränkchen auf Ziel
muss unter Forderungen aus Lieferung und Leistung i.H.d.
Bruttobetrages erfolgen. Dieser ergibt sich wie folgt:

(95,00 €/Stück x 70 Stück) x 1,19 = 7.913,50 €

Die Höhe des Nettobetrags ermittelt sich wie folgt:

7.913,50 € : 1,19 = 6.650 €

Die Höhe der Umsatzsteuerbelastung ermittelt sich wie
folgt:

7.913,50 € - 6.650 € = 1.263,50 €

Die Höhe des Wareneinsatzes bestimmt sich wie folgt:

70 Stück x 45 €/Stück = 3.150 €

Die Höhe des Umsatzerlöses ergibt sich wie folgt:

70 Stück x (95 €/Stück – 45 €/Stück) = 3.500 €

(1) Ford. L&L 7.913,50 an UE   6.650,00

                   USt   1.263,50

(2) Bank 7.913,50 an Ford. L&L 7.913,50

Aufgabe: Forderungen (2)

Die Wood-GmbH weist einen Gesamtbestand von Forderungen i.h.v. 70.091 € aus. Die nachfolgenden Sachverhalte wurden bislang nicht berücksichtigt.

a) Der Kunde K1 hat mit der Wood-GmbH am 01.04.2016 einen Vertrag über die Lieferung einer Holzschrankwand über 17.800 € (netto) abgeschlossen. Die Lieferung erfolgte wie vereinbart, lediglich die Zahlung des K1 steht noch aus. Am 30.12.2016 erfährt der Geschäftsführer (G. Wood) der Wood-GmbH, dass sich K1 in einer misslichen finanziellen Lage befindet. Von anderen Gläubigern des K1 erfährt G. Wood verlässlich, dass die Forderungen lediglich zu 80 % beglichen werden können.

b) Im Gesamtbestand der Forderungen der Wood-GmbH befindet sich die Forderung des K2 i.h.v. 3.600 € (netto). K2 hat keinerlei Bonitätsschwierigkeiten.

c) Die Wood-GmbH erfährt am 15.12.2016, dass sich der Kunde K3 „aus dem Staub gemacht hat". Aufgrund der katastrophalen finanziellen Lage des K3 hat sich dieser unauffindbar ins Ausland abgesetzt. Bei der Wood-GmbH steht gegenüber K3 eine Forderung für einen handgeschnitzten Holzstuhl i.h.v. 2.780 € (netto) aus.

d) Am 01.12.2016 erhält G. Wood eine E-Mail von K4. In dieser befindet sich der Hinweis, dass K4 möglicherweise nicht den vollen Betrag von 2.900 € (brutto) bezahlen kann. Weitere Gründe werden nicht angegeben.

e) Am 05.01.2017 geht auf dem Konto der Wood-GmbH die Zahlung i.h.v. 21.182 € ein. Entgegen aller Erwartungen hat K1 aus Teilaufgabe a) die Forderung in voller Höhe gezahlt.

Erläutern Sie umfassend die Behandlung des jeweiligen Sachverhalts aus handelsrechtlicher Sicht. Geben Sie die Buchungssätze an. Die Umsatzsteuer beträgt 19 %.

Lösung:

Die bilanzielle Erfassung von Forderungen erfolgt mit den Bruttobeträgen. Unter Berücksichtigung der Umsatzsteuer ergibt sich somit ein Netto-Forderungsvolumen von 58.900 €.

a) Die Erfassung des möglichen Ausfalls der Forderung gegenüber K1 darf lediglich anteilig auf den Netto-Betrag i.h.v. 17.800 € erfolgen. Laut Sachverhalt ist mit einem sicheren Zahlungseingang i.h.v. 80 % zu rechnen, sodass lediglich 20% (3.560 €) einzelwertkorrigiert werden müssen. Die gesamte Brutto-Forderung wird in zweifelhafte Forderungen umgebucht, lediglich der wahrscheinlich ausfallende Netto-Anteil darf letztlich abgeschrieben werden. Die Umsatzsteuer bleibt zu 100 % bestehen.

(1) zw. Ford. 21.182 an Ford. L&L 21.182

(2) Abschr. zw. Ford. 3.560 an zw. Ford. 3.560

b) Die Forderung von K2 weist kein spezielles Ausfallrisiko auf, daher wird keine Einzelwertberichtigung vorgenommen. Für Forderungen die nicht einzelwertberichtigt werden besteht die Option das allgemeine Ausfallrisiko über die Pauschalwertberichtigung zu erfassen.

c) Die Erfassung der uneinbringlichen Forderung gegenüber K3 muss vollständig abgeschrieben werden. Dies betrifft den Netto-Betrag i.H.v. 2.780 € sowie die Korrektur der Umsatzsteuer.

Abschr. auf Ford. 2.780 an Ford. L&L 3.308,20
Umsatzsteuer   528,20

d) Der bloße Hinweis auf einen möglichen Forderungsausfall ohne Nennung von Gründen bzw. der zu erwartenden Höhe ist nicht stichhaltig genug für eine Abschreibung. In diesem Fall kann lediglich über eine Pauschalwertabschreibung das allgemeine Ausfallrisiko berücksichtigt werden.

e) Der Zahlungseingang der einst abgeschriebenen Forderung des K1 aus Teilaufgabe a) bewirkt i.H.d. ursprünglich abgeschriebenen Teils einen außerordentlichen Ertrag bei der Wood-GmbH. Die Buchungssätze lauten wie folgt:

Bank 21.182   an zw. Ford.   17.622
               a.o. Ertrag   3.560

Aufgabe: Wertpapiere (1)

Die Wood-GmbH erwirbt zu spekulativen Zwecken am 01.04.2016 100.000 Aktien der Sun&Wood-AG zu einem Kurswert von 15,70 € je Aktie. In welcher Höhe erfolgt die Bewertung zum 31.12.2016 wenn der Wert a) 1.380.500 €

b) **1.860.000 € beträgt. Im darauffolgenden Jahr beträgt der Kurswert 14,80 €. Erläutern Sie Ihre Vorgehensweise für 2016 und 2017 ausführlich.**

Lösung:
Die Erfassung der Aktien erfolgt aufgrund der spekulativen Absicht unter dem Konto sonstige Wertpapiere. Die Bewertung wird mit den Anschaffungskosten zum Kaufzeitpunkt vorgenommen (§ 253 IV HGB). Damit ergibt sich folgender Bilanzansatz:

100.000 Stück x 15,70 €/Stück = 1.570.000 €

Die folgende Bewertung am Jahresende 2016 erfolgt unter Berücksichtigung des strengen Niederstwertprinzips, welches Wertminderungen in Form einer außerplanmäßigen Abschreibung erfasst (§ 253 V HGB).

a) Der Wert am 31.12.2016 beträgt lt. Sachverhalt 1.380.500 €, dieser liegt unter dem Bilanzansatz. Es muss eine außerplanmäßige Abschreibung i.H.v. 189.500 € vorgenommen werden.

b) Der Wert am 31.12.2016 liegt über den Anschaffungskosten vom 01.04.2016. Eine Bewertung jenseits der Anschaffungskosten ist gem. § 253 I HGB nicht erlaubt. Der Ansatz verbleibt bei 1.570.000 €.

Im darauffolgenden Jahr beträgt der Kurswert 14,80 € je Aktie, daraus ergibt sich folgender Zeitwert:

100.000 Stück x 14,80 €/Stück = 1.480.000 €

Für die Fallgestaltung a) liegt der Bilanzansatz bei 1.380.500 €. Mit der Kurssteigerung ist der Grund für die Wertminderung aus dem Vorjahr weggefallen. Gem. § 253 V HGB muss eine Zuschreibung i.H.v. 99.500 € erfolgen. Für die Fallgestaltung b) hingegen ergibt sich eine Abschreibungspflicht auf den neuen niedrigeren Zeitwert i.H.v. 1.480.000 €. Die außerplanmäßige Abschreibung gem. § 253 IV HGB beträgt 90.000 €.

Aufgabe: Wertpapiere (2)

Die Wood-GmbH beabsichtigt die Veräußerung von 10 % der nicht stimmberechtigten Anteile an der MiniWood-AG. Der Käufer ist bereit 58.670 € für die Anteile zu zahlen, der Buchwert hingegen beträgt 43.000 €. Auf die MiniWood-AG besteht ein beherrschender Einfluss gem. § 290 II HGB, daher muss diese als Tochterunternehmen im Konzernabschluss der Wood-GmbH mitaufgenommen werden. Erläutern Sie die handelsbilanzielle Erfassung des Vorgangs. Geben Sie den dazugehörigen Buchungssatz an.

Lösung:

Der beherrschende Einfluss gem. § 290 II HGB führt dazu, dass die Wood-GmbH die MiniWood-AG (§ 271 II HGB) in ihrem Konzernabschluss als Tochterunternehmen (verbundenes Unternehmen) erfassen muss (§ 290 I HGB). Aufgrund der Veräußerungsabsicht der Anteile müssen diese im Umlaufvermögen unter Anteile an verbundenen Unternehmen (§ 266 II B. III Nr. 2 HGB) erfasst werden. Der Buchungssatz für den Verkauf ergibt sich wie folgt:

Bank 58.670 an Anteile an verbundenen Unt. 43.000

                sonst. bet. Ertrag 15.670

Abschließend setzt sich das Umlaufvermögen nicht nur aus Vermögensgegenständen sondern gleichermaßen aus Geldmitteln zusammen.

Aufgabe: Aktive Rechnungsabgrenzungsposten (1)

Die Wood-GmbH benötigt Ihre Hilfe bei der Erfassung der folgenden Posten:

a) Die Wood-GmbH überweist am 27.12.2016 den Rechnungsbetrag für die Versicherung des betrieblichen PKW für das folgende Jahr. Die Überweisung i.H.v. 2.700 € geht am selben Tag vom Betriebskonto ab.

b) Die Wood-GmbH hat am 12.12.2016 eine neue Maschine im Wert von 13.000 € (netto) bestellt. Vereinbarungsgemäß muss vorab eine Zahlung i.H.v. 1.000 € (netto) erfolgen. Der restliche Betrag ist bei Lieferung am 17.01.2017 fällig. Die Höhe der Umsatzsteuer beträgt 19%.

c) Die monatliche Miete für die Büroräume der Wood-GmbH beträgt 500 €. G. Wood überweist am 01.11.2016 für sieben Monate im Voraus. Im Mietvertrag wurde zwecks Fälligkeit der 03. eines jeden Monats vereinbart. Umsatzsteuerliche Konsequenzen müssen nicht beachtet werden.

Erläutern Sie die bilanzielle Erfassung der o.g. Sachverhalte für die Jahre 2016 und 2017 ausführlich. Geben Sie darüber hinaus die dazugehörigen Buchungssätze an.

Lösung:
Die Überweisung der PKW Versicherung für das folgende Jahr darf den Gewinn im laufenden Jahr nicht mindern. Anderenfalls würde keine periodengerechte Gewinnermittlung erwirkt werden. Die Zahlung muss erfolgsneutral erfasst und in das folgende Jahr (2017) übertragen werden. Erst die Auflösung des aktiven Rechnungsabgrenzungspostens im Jahr 2017 erfolgt erfolgswirksam (§ 250 I HGB).

2016: Erfassung aRAP
(1) aRAP 2.700 an Bank 2.700
Alternativ:
(2) Versicherungsaufwand 2.700 an Bank 2.700
(3) aRAP 2.700 an Versicherungsaufwand 2.700
Beide Buchungen erfassen letztendlich einen aRAP i.H.v. 2.700 €. Die erste Variante wird als direkte Erfassung bezeichnet. Der Vorteil ist, dass mittels einer sofortigen Abgrenzung zum Jahresende nicht alle Konten nach etwaigen Posten überprüft werden müssen. Die kursiv geschriebene Alternative ist ebenso zulässig und wird aufgrund der Korrekturbuchung (3) als indirekte Methode bezeichnet.

2017: Ausbuchung aRAP
(4) Versicherungsaufwand 2.700 an aRAP 2.700
Die Buchung (4) erfolgt unabhängig davon, ob es sich um eine direkte oder eine indirekte Erfassung handelt.

a) Der vorliegende Sachverhalt hat keinen aRAP zum Gegenstand. Vielmehr handelt es sich um eine geleistete Anzahlung, welche auf der Aktivseite der Bilanz ausgewiesen wird.

<u>2016:</u> geleistete Anzahlung

(1) geleistete Anzahlung   1.000

Umsatzsteuer   190 an Bank 1.190

<u>2017:</u> Restzahlung der Maschine

(2) Maschine   13.000

Umsatzsteuer 2.470 an Bank 15.470

(3) Maschine 1.000 an geleistete Anzahlung 1.000

b) Die Überweisung der Miete enthält sowohl Zahlungen die dem aktuellen Wirtschaftsjahr zuzurechnen sind, als auch jene die dem angrenzenden zugeordnet werden müssen. Letztere dürfen aufgrund der periodengerechten Gewinnermittlung nicht aufwandswirksamen Konten erfasst sondern ins folgende Jahr als aRAP übertragen werden (§ 250 I HGB).

c)

Monat	Betrag in Euro	
November 2016	500	1.000 € werden erfolgswirksam erfasst
Dezember 2016	500	
Januar 2017	500	2.500 € gehören in der WJ 2017 und werden im aRAP erfasst
Februar 2017	500	
März 2017	500	
April 2017	500	
Mai 2017	500	
Summe	**3.500**	

<u>2016:</u> Erfassung aRAP

(1) Mietaufwand   1.000

aRAP   2.500   an Bank 3.500

Alternativ:

(2) Mietaufwand 3.500 an   Bank 3.500

45

(3) aRAP   2.500 an   Mietaufwand 2.500

2017: Ausbuchung aRAP
(4) Mietaufwand 2.500 an   aRAP   2.500

Aufgabe: Aktive Rechnungsabgrenzungsposten (2)

Der Unternehmer G. Wood aus Greifswald nimmt zur Finanzierung einer betriebsnotwendigen Produktionsmaschine am 01.01.16 ein endfälliges Darlehen auf. Die Sparkasse Vorpommern Greifswald bietet ihm folgende Konditionen an:

Darlehenssumme	580.000 €
Verzinsung p.a.	7 %
Disagio	4%
Tilgung	endfällig

G. Wood ist hellauf begeistert und unterzeichnet sofort. Bei der Bilanzierung ist er sich jedoch unsicher und benötigt Ihre Hilfe.

Geben Sie Auskunft über die Erfassung für die ersten zwei Jahre unter der Prämisse einen möglichst hohen Gewinnausweis zu erwirken.

Lösung:

Das Disagio oder auch Damnum stellt einen vorweggenommenen Zinsaufwand dar. Handelsrechtlich ergeben sich zur Erfassung des Disagio zwei Optionen: zum einen kann das Disagio direkt erfolgswirksam als Zinsaufwand erfasden, welches einen niedrigeren Gewinn im Jahr der Aufnahme bewirkt. Und zum anderen kann das Disagio als aktiver Rechnungsabgrenzungsposten erfasst und über die Laufzeit (linear oder digital) abgeschrieben werden. Bei der Erfassung als RAP werden Aufwendungen lediglich i.H.d. Abschreibungsbetrages gewinnwirksam erfasst, folglich entsteht im Vergleich zur direkten Aufwandserfassung ein höherer Gewinnausweis. Es muss beachtet werden, ob es sich um ein Darlehen mit gleichmäßiger oder endfälliger Tilgung handelt. Bei gleichmäßiger Tilgung würde die Anwendung der Zinsstaffelmethode (digitale Abschreibung) und bei endfälliger Tilgung eine gleichmäßige über die Nutzungsdauer erfolgende Abschreibung angewendet werden.

Darlehen:

Darlehen	Betrag in Euro
01.01.2016 Aufnahme	580.000
31.12.2016 Bilanzansatz	580.000
31.12.2017 Bilanzansatz	580.000
Aufgrund der Endfälligkeit ändert sich die Darlehenssumme über den Zeitablauf nicht.	

Rechnungsabgrenzungsposten:

Aktiver Rechnungsabgrenzungsposten	Betrag in Euro
01.01.2016	23.600
- Abschreibung (23.600 € : 10 Jahre)	2.3600
= Restbuchwert 31.12.2016	21.240

- Abschreibung 31.12.2017	2.360
= Restbuchwert 31.12.2017	18.880

Buchungssätze:
(1) Bank   556.800   an   Darlehen   580.000
    aRAP   23.200
(2) Zinsaufwand 40.600   an   Bank   40.600
(3) Abschreibung 2.360   an   aRAP   2.360
↳ Buchung (2) und (3) wird für jedes Jahr der Laufzeit wiederholt.

Bei Tilgung:
(4) Darlehen 580.000 an Bank 580.000

Aufgabe: Aktive latente Steuern (1)

Die Wood-GmbH passiviert zulässigerweise zum Jahresende gem. § 249 I HGB eine Rückstellung für drohende Verluste aus schwebenden Geschäften i.H.v. 20.000 €. Steuerrechtlich besteht ein Passivierungsverbot für Drohverlustrückstellung. Der Steuersatz der Wood-GmbH beträgt 30 %.

Ermitteln Sie die Höhe der latenten Steuer und geben Sie die dazugehörigen Buchungssätze an. Erläutern Sie Ihre Vorgehensweise ausführlich.

48

<u>Lösung:</u>
Die unterschiedliche Erfassung der Drohverlustrückstellung in der Handels- und Steuerbilanz entsteht aufgrund des Passivierungsgebots im HGB und dem Passivierungsverbot im EStG.

<u>Handelsrecht:</u> die Erfassung der Drohverlustrückstellung gem. § 249 I HGB erfolgt aufwandswirksam. Somit besteht eine direkte Auswirkung auf die handelsrechtliche Gewinnermittlung.

Sonstiger Aufwand 20.000 an Rückstellungen für
drohende Verluste 20.000

<u>Steuerrecht:</u> aufgrund des Passivierungsverbots erfolgt keine Erfassung des Vorgangs. Sofern ein Verlust im folgenden Jahr eintritt, wird dieser im entsprechenden Zeitpunkt gewinnwirksam erfasst.

<u>Aktive latente Steuer:</u> da die Passiva in der Handelsbilanz höher sind als in der Steuerbilanz, ist die fiktive Steuer höher als die effektive Steuer. Mit der Folge, dass mittels der aktiven latenten Steuer die Steuerforderung gegenüber dem Finanzamt in der Handelsbilanz abgebildet wird. Hierzu wird der Differenzbetrag mit dem Steuersatz der Wood-GmbH multipliziert.

$$20.000 \, € \times 30 \, \% = 6.000 \, €$$

Aktive latente Steuer 6.000   an   Steuerertrag 6.000

Die Auflösung der aktiven latenten Steuer erfolgt mit der Auflösung der Drohverlustrückstellung im folgenden Jahr.

Aufgabe: Aktive latente Steuern (2)

Die Wood-GmbH nimmt am 01.01. ein endfälliges Darlehen i.h.v. 120.000 € auf. Die Laufzeit beträgt 10 Jahre und die Verzinsung wurde mit 3 % p.a. festgelegt. Darüber hinaus wird ein Disagio i.h.v. 6 % der Darlehenssumme fällig. Für die Erfassung des Disagios nach Handelsrecht besteht die Möglichkeit der Erfassung als sofortiger Aufwand oder als aktiver Rechnungsabgrenzungsposten. Die Wood-GmbH strebt einen möglichst niedrigen Gewinnausweis an und verzichtet in der Handelsbilanz auf den Ansatz des Disagios.

In der Steuerbilanz muss gem. § 5 V S. 1 Nr. 1 EStG ein aktiver Rechnungsabgrenzungsposten gebildet und über die Laufzeit abgeschrieben werden.

Der Steuersatz der Wood-GmbH beträgt 30%.

Ermitteln Sie die Höhe der latenten Steuer und geben Sie die dazugehörigen Buchungssätze an. Erläutern Sie Ihre Vorgehensweise ausführlich.

Lösung:

Aufgrund des Aktivierungsgebots im EStG und der Nicht-Ausübung des Wahlrechts nach HGB fallen Handels- und Steuerbilanz auseinander.

Handelsbilanz: Die Erfassung des Darlehens erfolgt mit dem Erfüllungsbetrag i.h.v. 120.000 €. Aufgrund des Disagios i.h.v. 7.200 € weichen Auszahlungsbetrag (112.800 €) und Erfüllungsbetrag (120.000 €) voneinander ab. Die Erfassung als sofortiger Aufwand bewirkt eine Verminderung des Gewinns.

Buchungssatz:

(1) Bank   112.800 an   Darlehen 120.000

    Sonstiger Aufwand   7.200

(2) Zinsaufwand 3.600 an   Bank   3.600

Steuerbilanz: Im Steuerrecht muss das Disagio in Form eines aktiven Rechnungsabgrenzungspostens erfasst und über die Laufzeit (10 Jahre) abgeschrieben werden.

Buchungen:

(1) Bank   112.800   an   Darlehen 120.000

    aRAP   7.200

(2) Zinsaufwand   3.600   an   Bank   3.600

↪Buchung (2) für die Dauer der Laufzeit wiederholen.

(3) Abschreibung   720   an   aRAP   720

↪Buchung (3) für die Dauer der Abschreibung wiederholen.

Aktive Latente Steuern: Die Handels- und Steuerbilanz weichen i.H.d. aktivierten Disagios voneinander ab. Zur Ermittlung der darauf entfallenden latenten Steuern muss dieser Differenzbetrag mit dem Steuersatz multipliziert werden.

$$7.200 \times 30\% = 2.160 \ €$$

Rechnungsabgrenzungsposten	Betrag in Euro
aktive latente Steuer	2.160
- Abschreibung (2.160 : 10 Jahre)	216
= Restbuchwert 31.12.	1.944
- Abschreibung	216
= Restbuchwert 31.12.	1.728

| - Abschreibung | 216 |
| = Restbuchwert 31.12. | 1.512 |

Buchungssätze:

(1) aktive lt. Steuer   2.160   an   Steuerertrag   2.160
(2) Abschreibung   216   an   aktive lt. Steuer 216
✎Buchung (2) für die Dauer der Abschreibung wiederholen.

<u>Aufgabe:</u> Aktiver Unterschiedsbetrag

Was versteht man unter einem aktiven Unterschiedsbetrag aus der Vermögensverrechnung?

<u>Lösung:</u>

Der aktive Unterschiedsbetrag aus der Vermögensverrechnung ist gem. § 266 II E. HGB ein Bestandskonto auf der Aktivseite der Bilanz. Er durchbricht das Saldierungsverbot, nachdem Aktiv- und Passivseite nicht miteinander saldiert werden dürfen (§ 246 II HGB). Dies gilt jedoch nicht für Vermögensgegenstände, welche nicht den Zugriffsrechten anderer Gläubiger unterliegen und einzig dazu dienen bspw. Schulden aus Altersversorgungsverpflichtungen zu bedienen. Ein sich ergebender positiver Unterschiedsbetrag aus der Verrechnung von derartigen Vermögensgegenständen und korrespondierenden Schulden ist gem. § 266 II E. HGB in der Bilanz auszuweisen. Der aktive Unterschiedsbetrag aus der Vermögensverrechnung wird aufgrund niederer Relevanz im vorliegenden Buch lediglich definiert, jedoch an dieser Stelle nicht weiterverfolgt.

Aufgabe: Gesetzliche Rücklage

Die Wood-GmbH erzielt im Jahr 2016 einen Jahresüberschuss i.H.v. 55.680 €. Die Höhe des Grundkapitals der Wood-GmbH beträgt 470.000 €. Die gesetzliche Rücklage weist bislang einen Betrag i.H.v. 33.850 € aus. In welcher Höhe muss die Rücklage eingestellt werden? Welche Unterschiede ergeben sich bei einer bereits bestehenden Rücklage von 46.770 €? Geben Sie für alle Fälle die Buchungssätze an.

Lösung:

Zusatz: Beachten Sie, dass es sich im vorliegenden Fall um eine Mittelverwendung handelt. Der Jahresüberschuss stellt den Unterschiedsbetrag zwischen Aufwand und Ertrag am Jahresende dar. Es erfolgte bislang keine Mittelverwendung. Bei teilweiser Mittelverwendung (JÜ – anteilige Mittelverwendung) verbleibt der sog. Bilanzgewinn. Die vollständige Mittelverwendung erfolgt über den Ausweis in den jeweiligen Rücklagen.

Der gesetzlichen Rücklage sind jedes Jahr 5 % des Jahresüberschusses (nach Minderung um bestehende Verlustvorträge) zuzuführen. Für diese besteht ein Ausschüttungsverbot. Die gesetzliche Rücklage beträgt entweder 10 % des Grundkapitals oder des in der Satzung bestimmten höheren Kapitals (§ 272 III HGB).

Die zu erreichende Höhe der gesetzlichen Rücklage bestimmt sich wie folgt:

$$10\ \%\ \ x\ 470.000\ € = 47.000\ €$$

Die einzustellende Höhe vom Jahresüberschuss ergibt sich wie folgt:

$$5\ \%\ x\ 55.680\ € = 2.784\ €$$

Buchungssatz:
Jahresüberschuss 55.680 an Bilanzgewinn   52.896
Einstellung in gesetzl. RL 2.784

Die Höhe der gesetzlichen nach Einstellung im Jahr 2016 beträgt:

$$33.850\ € + 2.784\ € = 36.634\ €$$

Der volle Betrag wird in die gesetzliche Rücklage eingestellt. Der Betrag von 47.000 € wurde noch nicht erreicht. Dieser Vorgang wird in den folgenden Jahren so oft wiederholt bis die vollständige gesetzliche Rücklage erreicht ist.

In der Alternative beträgt die Höhe der gesetzlichen Rücklage 46.770 €. Die einzustellende Höhe beträgt 47.000 €. Damit ergibt sich ein noch einzustellender Betrag i.H.v.:

$$47.000\ € - 46.770\ € = 230\ €$$

Auch in der Abwandlung ergibt sich ein theoretisch einstellbarer Betrag i.H.v. 2.784 €. Die volle Höhe wird jedoch nicht benötigt. Daher erfolgt die Einstellung lediglich in der noch ausstehenden Differenzhöhe.

Buchungssatz:

Jahresüberschuss 55.680 an Bilanzgewinn   55.450

               Einstellung in gesetzl. RL 230

Aufgabe: Kauf eigener Anteile

Die MiniWood-AG berechnet im Jahr 2016 einen vorläufigen Jahresüberschuss i.H.v. 125.000 €. Folgende vorläufige Bilanz legt Ihnen die MiniWood-AG vor:

Aktiv			Passiv	
A. Anlagevermögen	710	A. Eigenkapital		
		I. Gez. Kap.		1.000
		II. Kap. RL		17
		III. Gewinn RL		
		1. gesetzl. RL		15
		4. andere RL		1500
		IV. Gewinnvor-trag		0
		V. Jahresüber-schuss		125
B. Umlaufvermögen	2047	C. Verbindlichkeiten		1000
	2.757			2.757

Für den Kauf der eigenen Anteile kann die MiniWood-AG Ihnen weitere Informationen bereitstellen:

Anzahl	75.000 Stück
Nennwert	12,00 € pro Stück
Kurswert	17,80 € pro Stück
Bankgebühr auf Kurswert	2 % pro Stück

Geben Sie Auskunft über die handelsbilanzielle Erfassung des Kaufs der eigenen Anteile. Stellen Sie die Schlussbilanz auf. Die Buchungssätze sind anzugeben.

Lösung:
Der Kauf der eigenen Anteile wird hinsichtlich der bilanziellen Behandlung einer Kapitalherabsetzung gleichgestellt. Die Erfassung der eigenen Anteile ergibt sich aus § 272 Ia HBG. Der Nennwert (12,00 €) ist vom gezeichneten Kapital abzuziehen. Wohingegen der Saldo zwischen Nenn- und Kurswert mit den freiverfügbaren Rücklagen (anderen Gewinnrücklagen) verrechnet wird. Lediglich die anfallende Bankgebühr stellt einen aufwandswirksamen Posten dar. Folgende Beträge ergeben sich:

Nennwert x Anzahl	900.000 €
Kurswert x Anzahl	1.335.000 €
(Kurswert – Nennwert) x Anzahl	435.000 €
Bankgebühr x Anzahlt	26.700 €

Buchungssatz:
Aufwand   26.700
Gez. Kap.   900.000
Andere RL   435.000   an   Bank   1.361.700

Zur Aufstellung der Bilanz ergeben sich somit folgende Änderungen:
(1) Der Jahresüberschuss sinkt auf der Passivseite aufgrund der erfolgswirksamen Erfassung der Bankgebühr auf 98.300 € (125.000 € – 26.700 €).

(2) Der Betrag von 900.000 ist vom gezeichneten Kapital abzuziehen (1.000.000 – 900.000).

(3) Die anderen Gewinnrücklagen müssen vermindert werden (1.500.000 – 435.000), es verbleiben 1065.000 €.

(4) Die Bank sinkt auf 685.300 € aufgrund des Kaufs der eigenen Anteile (2.047.000 € – 1.361.700 €).

Aktiv			Passiv	
A. Anlagevermögen	710	A. Eigenkapital		
		I.	Gez. Kap.	100
		II.	Kap. RL	17
		III.	Gewinn RL	
			1. gesetzl. RL	15
			4. andere RL	1065
		IV.	Gewinnvortrag	0
		V.	Jahresüber-schuss	98,3
B. Umlaufvermögen	685,3	C. Verbindlichkeiten		100100
	1.395,3			1.395,3

Aufgabe: Rückstellungen (1)

Die Wood-GmbH benötigt zum Jahresende noch einmal Ihre volle Unterstützung bei den folgenden Sachverhalten:

a) **Die Wood-GmbH hat am 12.12.2016 mit der Floristen-GmbH einen Vertrag über die Lieferung von 100 Regalbrettern abgeschlossen. Der Vertrag besagt, dass die Wood-GmbH am 04.01.2017 die Bretter zu einem Stückpreis von je 12,50 € an die Floristen-GmbH liefert. Vereinbarungsgemäß erfolgt drei Werktage später die Überweisung durch die Floristen-GmbH.**

Bei der Kalkulation des Preises hat die Wood-GmbH im Jahr 2016 auf veraltete Daten zurückgegriffen. Die ursprünglichen Kosten wurden mit 9,80 € veranschlagt. Bei der Kontrolle zum Jahresende 2016 hat sich jedoch ein Preis von 14,70 € pro Einheit ergeben. Die Beschaffung der Bretter erfolgt am 01.01.2017. Die Umsatzsteuer ist zu vernachlässigen.

b) Pünktlich im Dezember bemerkt der Geschäftsführer der Wood-GmbH, dass die Fassade des Bürogebäudes dringend einen neuen Anstrich benötigt. Der Maler legt einen Kostenvoranschlag i.h.v. 4.000 € (netto) vor. Der nächstmögliche Termin zum ist am 05. Februar 2017. Der Geschäftsführer nimmt diesen dankend an. Die Umsatzsteuer beträgt 19 %.

c) Ein Mitarbeiter die Wood-GmbH hat sich während der Arbeitszeit leicht an der Hand verletzt. Aufgrund dieser Verletzung wird er zwei Wochen nicht in der Lage sein selbige zu benutzen. In einer wütenden E-Mail vom 23.12.2016 droht er dem Geschäftsführer an, die Wood-GmbH im nächsten Jahr zu verklagen. Der hinzugezogene Anwalt prognostiziert dem Geschäftsführer in derartigen Fällen Kosten i.h.v. 2.500 €. Nach dem Jahreswechsel hat sich der Mitarbeiter wieder beruhigt. Mit etwaigen Rechtsfolgen ist nicht zu rechnen.

Erläutern Sie die bilanzielle Erfassung der o.g. Sachverhalte ausführlich. Geben Sie darüber hinaus die Buchungssätze für die Jahre 2016 und 2017 an.

Lösung:
a) Im Jahr 2016 schließt die Wood-GmbH einen Vertrag ab, bei welchem bereits zum Jahresende ersichtlich ist, dass Verluste eintreten werden. Aufgrund der fehlerhaften Daten (9,80 € - Beschaffungspreis pro Einheit) erwartete die Wood-GmbH zunächst einen Gewinn i.H.v. 270 €.

	Betrag in Euro
gepl. Umsatzerlöse	1.250
- gepl. Wareneinsatz	- 980
= gepl. Gewinn	= 270

Zum Jahresende wird deutlich, dass die tatsächlichen Beschaffungskosten die erwarteten deutlich übersteigen. Somit ist aus dem Veräußerungsgeschäft im Jahr 2017 ein Verlust i.H.v. 4,90 € (14,70 – 9,80 €) pro Einheit zu erwarten. Die Höhe des gesamten zu erwartenden Verlusts ergibt sich wie folgt:

Ermittlung Drohverlustrückstellung	Betrag in Euro
gepl. Wareneinsatz	980
- tatsächliche Kosten	- 1470
= drohende Verluste	490

Handelsrechtlich muss für drohende Verluste aus schwebenden Geschäften eine aufwandswirksame Rückstellung gebildet werden (§ 249 I S. 1 HGB). Die Höhe der Rückstellung darf nicht willkürlich erfolgen.

Buchungssätze:

2016: Erfassung der Rückstellung

(1) Aufwand 490 an Rückstellung 490

2017: Auflösen der Rückstellung

(2) Bank 1.250 an Umsatzerlöse   270

Waren   980

(3) Rückstellung 490 an s.b. Ertrag 490

b) Die Fassadenarbeiten gelten als Arbeiten zur Instandhaltung des Bürogebäudes. Mittels des Kostenvoranschlags lassen sich die anfallenden Kosten im folgenden Jahr relativ genau beziffern. Gem. § 249 I Nr. 1 HGB müssen für Kosten der Instandhaltung Rückstellungen gebildet werden, wenn die Arbeiten innerhalb der ersten drei Monate erfolgt sind. Da der Maler zugesagt hat im Februar die Arbeiten zu erledigen muss die Wood-GmbH i.H.v. 4.000 € eine Rückstellung bilden. Die Umsatzsteuer wird erst im folgenden Jahr berücksichtigt.

2016: Erfassung der Rückstellung

(1) Aufwandskonto 4.000   an   Rückstellung 4.000

2017: Auflösen der Rückstellung

(2) Rückstellung 4.000   an   Bank 4.760

Umsatzsteuer 760

c) Aus dem Sachverhalt ist ersichtlich, dass der Mitarbeiter zumindest androht die Wood-GmbH zu verklagen. Aller-

60

dings bestehen keine hinreichenden Anhaltspunkte, die für eine Rückstellung sprechen. Es erfolgt keine Buchung im Jahr 2016 und 2017.

Aufgabe: Rückstellungen (2)

Die Wood-GmbH bringt im Jahr 2016 ein neues technisches Gerät auf den Markt. Die Garantiezeit beläuft sich auf zwei Jahre. Aufgrund eines nachträglich entdeckten Konstruktionsfehlers steht die Wood-GmbH negativ in den Schlagzeilen. Es ist zu erwarten, dass aufgrund von Defekten circa 75 % der Geräte zurückgegeben werden. Um die Kunden nicht an Konkurrenzanbieter zu verlieren, weitet die Wood-GmbH die Garantieleistung auf zweieinhalb Jahre aus. Die damit einhergehenden zusätzlichen Ausgaben werden verlässlich auf 500.000 € im besten und auf 800.000 € im schlimmsten Fall geschätzt.

Erläutern Sie die bilanzielle Erfassung des Sachverhalts. Die Buchungssätze sind anzugeben. Erläutern Sie Ihre Vorgehensweise.

Lösung:
Vorab muss zwischen Gewährleistung und Garantie differenziert werden. Die Garantie ist ein Zusatzangebot des Unternehmens, wohingegen die Gewährleistung gesetzlich fixiert ist. Im vorliegenden Sachverhalt wird der Konstruktionsfehler erst nachträglich bekannt, grundsätzlich muss für alle Rechts- und Sachmängel gehaftet werden unabhängig vom Zeitpunkt des in Erscheinung Tretens. Über die gesetzlich determinierte

Verpflichtung hinaus bietet die Wood-GmbH Leistungen an, die ohne rechtliche Verpflichtungen erbracht werden. Dieses tut sie aus unternehmerischen/betriebswirtschaftlichen Gründen (faktische Gründe), da das Halten der Kunden essenziell für das Bestehen der Wood-GmbH ist. Gem. § 249 I S. 2 Nr. 2 HGB ist für derartige Posten eine Rückstellung zu bilden, welche lediglich i.h.d. wahrscheinlichen Erfüllungsbetrages erfolgen darf. Dies ist ein nach kaufmännischer Einschätzung zu bildender Betrag, der die ungefähre Haftungssumme nicht jedoch die Summe des schlimmsten Falls darstellt. Im vorliegenden Sachverhalt darf eine Rückstellung höchstens i.H.v. 500.000 € gebildet werden (sog. Sammelrückstellungen).

Buchungssatz: Bildung der Rückstellung

(1) Aufwandskonto 500.000 an Rückstellung 500.000

Aufgabe: Verbindlichkeiten (1)

Die Wood-GmbH benötigt Ihre Hilfe bei der Erfassung der folgenden Sachverhalte:

a) **Die Wood-GmbH hat sich von der Floristen-GmbH Waren liefern lassen. Die Floristen-GmbH bringt diese fristgerecht am 23.12.2016 an den Bestimmungsort. Die sofortfällige Rechnung i.H.v. 6.664,00 € (brutto) wird erst im folgenden Jahr am 16.01.2017 beglichen. Die Umsatzsteuer beträgt 19 %.**

b) **Die Wood-GmbH muss am 01.01.2016 zur Finanzierung einer betriebsnotwendigen Maschine einen Kredit i.H.v. 12.000 € aufnehmen. Die Laufzeit beträgt zwei Jahre mit einer gleichhohen Tilgung (fällig zum 31.12. eines jeden Jahres) über die Laufzeit.**

c) **Die Wood-GmbH kauft am 22.12.2016 ein unbebautes Grundstück zum Preis von 220.000 €. Die angefallene Grunderwerbsteuer beträgt 3,5 % des Kaufpreises. Die Überweisung selbiger erfolgt nach dem Jahreswechsel am 15.01.2017.**

Lösung:

a) Verbindlichkeiten sind gem. § 253 I S. 2 HGB mit dem Erfüllungsbetrag anzusetzen. Mit der Lieferung der Waren wird die Zahlung i.h.v. 6.664 € seitens der Wood-GmbH fällig. Aus dem Sachverhalt lässt sich entnehmen, dass die tatsächliche Zahlung mittels Überweisung erst im Jahr 2017 erfolgt. Wirtschaftlich gehört diese Rechnung jedoch in das Jahr 2016. Somit wird eine Verbindlichkeit für das Jahr 2016 erfasst.

<u>2016:</u> Erfassung Verbindlichkeit
(1) Waren   5.600
    Umsatzsteuer   1.064 an Verbl. aus L&L 6.664

<u>2017:</u> Ausbuchung der Verbindlichkeit
(2) Verbl. aus L&L 6.664 an Bank 6.664

b) Der Ausweis des Kredits für die Finanzierung der Maschine erfolgt unter Verbindlichkeiten gegenüber Kreditinstituten. Die Verbindlichkeit ist zum Erfüllungsbetrag (Rückzahlungsbetrag) gem. § 253 I S. 2 HGB zu erfassen. Lt. Sachverhalt sind weder ein Auf- noch ein Abgeld zu erfassen.

2016: Erfassung und Tilgung der Verbindlichkeit
(1) Bank 12.000 an Verbl. geg. Kreditinstituten 12.000
(2) Verbl. geg. Kreditinstituten 6.000 an Bank 6.000

2017: restliche Tilgung der Verbindlichkeit
(3) Verbl. geg. Kreditinstituten 6.000 an Bank 6.000

c) Die Grunderwerbsteuer wird mit Kauf des Grundstücks im Jahr 2016 fällig. Die Überweisung erfolgt erst im Jahr 2017, wohingegen die wirtschaftliche Zugehörigkeit im Vorjahr liegt. Aufgrund der Belastung i.H.v. 7.700 € muss die Erfassung einer Rückstellung in der Bilanz zum 31.12.2016 erfasst werden (§ 253 I S. 2 HGB).

Höhe der Grunderwerbsteuer:
3,5 % x 220.000 € = 7.700 €

2016: Kauf des Grundstücks
(1) Grundstücke 220.000   an Bank 220.000
(2) Grundstücke 7.700   an Verbl. aus Steuern 7.700

2017: Zahlung der Grunderwerbsteuer
(3) Verbl. aus Steuern 7.700 an Bank 7.700

Aufgabe: Verbindlichkeiten (2)

a) **Die Wood-GmbH bestellt erneut Waren bei der Floristen-GmbH im Wert von 15.470 € (brutto). Diese liefert wie vereinbart am 10.12.2016. Bei der Durchsicht stellt ein Mitarbeiter der Wood-GmbH fest, dass einige Gü-**

ter Defekte aufweisen. Diese werden direkt zurückgesendet. Die Floristen-GmbH bestätigt am 17.12.2016 den Eingang per E-Mail und mindert die Rechnung um 5.355 € (brutto). Die Überweisung des restlichen Betrages erfolgt am 05.01.2017. Die Umsatzsteuer beträgt 19 %.

b) Die Wood-GmbH bezieht am 14.12.2016 von ihrem Tochterunternehmer - der Mini-Wood-AG - diverse Roh-, Hilfs- und Betriebsstoffe. Die Rechnung weist einen Betrag i.H.v. 221.340 € (brutto) aus. Die Wood-GmbH überweist den Betrag am 15.03.2017 innerhalb der Frist. Die Umsatzsteuer beträgt 19 %.

c) Seit vielen Jahren hält die Wood-GmbH zur Festigung der Geschäftsbeziehung eine 40 %ige Beteiligung an der Holz-AG. Von eben jener bezieht die Wood-GmbH regelmäßig die besten Produkte. Um der Nachfrage im Weihnachtsgeschäft nachkommen zu können, werden am 28.11.2016 75 Regalbretter zu je 8,90 € (netto) bestellt. Die Holz-AG liefert zwei Werktage später. Den ausgewiesenen Rechnungsbetrag begleicht die Wood-GmbH am 02.01.2017. Die Umsatzsteuer beträgt 19 %.

Erläutern Sie die bilanzielle Erfassung der o.g. Sachverhalte ausführlich. Gehen Sie auf die verschiedenen Formen von Verbindlichkeiten ein und geben Sie die Buchungssätze für die Jahre 2016 und 2017 an.

Lösung:

a) Die Erfassung der Bestellung bei der Floristen-GmbH erfolgt aufgrund der späteren Zahlung unter dem Konto

Verbindlichkeiten aus Lieferung und Leistung. Die Buchung erfolgt gem. § 253 I S. 2 HGB zum Erfüllungsbetrag i.h.v. 15.470 €. Aufgrund der Rückgabe der defekten Güter muss die Verbindlichkeit i.h.v. 5.355 € vermindert werden. Die Ausbuchung erfolgt bei Zahlung im Jahr 2017.

2016: Erfassung der Verbindlichkeit
(1) Waren   13.000
    Umsatzsteuer 2.470   an Verbl. L&L 15.470
(2) Verbl. L&L   5.355   an Waren   4.500
                          Umsatzsteuer 855
2017: Überweisung des restlichen Betrags
(3) Verbl. L&L 10.115 an Bank 10.115

b) Die Verbindlichkeit ist gem. § 253 I S. 2 HGB mit dem Erfüllungsbetrag anzusetzen. Die Mini-Wood-AG stellt ein verbundenes Unternehmen gem. § 271 II HGB dar. Für diesen Warenaustausch kommen folglich die Unterkonten Verbindlichkeiten aus Lieferung und Leistung und Verbindlichkeiten gegenüber verbundenen Unternehmen in Frage. Gem. § 265 III HGB muss diese Mitzugehörigkeit für den Vermögensgegenstand kenntlich gemacht oder im Anhang angegeben werden. Für den vorliegenden Fall bedeutet dies, dass der offene Betrag den Verbindlichkeiten gegenüber verbundenen Unternehmen und davon aus Lieferung und Leistung zugeordnet wird.

2016: Erfassung der Verbindlichkeit
(1) Waren   186.000

66

Umsatzsteuer 35.340   an Verbl. geg. verb. Unt.

                      (Verbl. L&L)   221.340

2017: Überweisung des Betrags

(2) Verbl. geg. verb. Unt.

      (Verbl. L&L)   221.340   an Bank 221.340

c) Die Verbindlichkeit ist gem. § 253 I S. 2 HGB mit dem Erfüllungsbetrag anzusetzen. Die Verbindung zur Holz-GmbH stellt gem. § 271 I HGB eine Beteiligung dar. Aufgrund dieser besonderen Verbindung kommen für den Warenaustausch die Unterkonten Verbindlichkeiten gegenüber Unternehmen mit denen ein Beteiligungsverhältnis besteht als auch Verbindlichkeiten aus Lieferung und Leistung in Frage. Ebenso wie in Aufgabe b) muss gem. § 265 III HGB die Erfassung unter Verbindlichkeiten gegenüber Unternehmen zu denen ein Beteiligungsverhältnis besteht unter dem Hinweis aus Lieferung und Leistung erfolgen.

Höhe der Netto-Verbindlichkeit:

      8,90 €/Stück x 75 Stück = 667,50 €

Höhe der Umsatzsteuer:

      667,50 x 19 % = 126,83 €

2016: Erfassung der Verbindlichkeit

(1) Waren   667,50

      Umsatzsteuer 126,83   an Verbl. geg. Unt.

                               mit Bet. (L&L)   794,33

2017: Überweisung des Betrages

(2) Verb. Geg. Unt.

mit Bet. (L&L) 794,33 an Bank 794,33

Aufgabe: Passive Rechnungsabgrenzungsposten (1)

a) G. Wood hat sich zur Erfüllung seines Traums vom Eigenheim bei der Wood-GmbH am 01.01.2016 Geld geliehen. Die endfällige Darlehenssumme beträgt 18.500 €. Die Verzinsung wurde mit 5 % zu fremdüblichen Bedingungen festgelegt. G. Wood überweist sämtliche Zinsen am 12.07.2016, lediglich die Tilgung erfolgt zum vereinbarten Zeitpunkt.

b) Die Wood-GmbH vermietet einen ihrer nicht genutzten Lagerräume an die Floristen-GmbH für monatlich 700 €. Letztere beschließt aus Einfachheit für einige Monate im Voraus zu überweisen. Am 01.09.2016 gehen auf dem Geschäftskonto der Wood-GmbH 6.300 € ein. Im Mietvertrag wurde zwecks Fälligkeit der 03. eines jeden Monats vereinbart. Die umsatzsteuerlichen Konsequenzen sind zu vernachlässigen.

c) Die Wood-GmbH verkauft am 12.12.2016 an die PiCo-GmbH Waren im Wert von 23.800 € (brutto). Die PiCo-GmbH überweist fristgerecht den Betrag am 07.01.2017. Die Umsatzsteuer beträgt 19 %.

Erläutern Sie die bilanzielle Erfassung der o.g. Sachverhalte für die Jahre 2016 und 2017 ausführlich. Geben Sie darüber hinaus die dazugehörigen Buchungssätze an.

a) Die Wood-GmbH erhält Zinseinkünfte aus der Hingabe des Darlehens. Da G. Wood sämtliche Zinsen bereits 2016 überweist, muss differenziert werden wann sich diese jeweils erfolgswirksam auswirken dürfen. Nur für jene Zinsen die eine Einnahme im Jahr 2016 (5% x 18.500 €) und einen Ertrag in 2017 darstellen, muss eine Erfassung in einem passiven Rechnungsabgrenzungsposten gem. § 250 II HGB vorgenommen und in das nächste Jahr übertragen werden. Erst im Jahr 2017 wird das passive Bestandskonto aufgelöst, die Zinsen für 2017 realisiert und das Darlehen getilgt. Letztes muss erfolgsneutral erfolgen.

2016: Erfassung des Darlehens (direkte Erfassung)
(1) Verbindlichkeit 18.500 an   Bank   18.500
(2) Bank   1.825 an   Zinsertrag 925
                              pRAP 925

Alternativ: indirekte Erfassung
(3) Bank 1.825   an   Zinsertrag 1.825
(4) Zinsertrag 925   an   pRAP 925

2017: Tilgung des Darlehens
(5) pRAP 925   an   Zinsertrag 925
(6) Bank 18.500   an   Verbindlichkeit 18.500

b) Die Miete wird für neun Monate gezahlt (9 x 700 € = 6.300 €). Der Tabelle kann entnommen werden, dass vier Zahlungen dem laufenden Wirtschaftsjahr und die anderen fünf Zahlungen dem angrenzenden Wirtschaftsjahr zugeordnet werden können. Gem. § 250 II HGB besteht für Einnahmen, welche erst nach dem Stichtag Erträge darstellen ein Passivierungsgebot. Somit muss i.h.v. 3.500 € (5 x 700 €) ein passiver Rechnungsabgrenzungsposten erfasst werden. Die verbleibenden vier Mieten i.h.v. 2.800 € (4 x 700 €) stellen Einnahmen und Erträge im Jahr 2016 dar. Infolgedessen werden diese gewinnwirksam erfasst.

Monat	Betrag in Euro
September 2016	700
Oktober 2016	700
November 2016	700
Dezember 2016	700
Januar 2017	700
Februar 2017	700
März 2017	700
April 2017	700
Mai 2017	700
Summe	**6.300**

2016: Erfassung des pRAP
(1) Bank   6.300   an   Mietertrag   2.800
                                   pRAP   3.500

Alternativ:
(2) Bank   6.300   an   Mietertrag   6.300
(3) Mietertrag 3.500   an   pRAP   3.500

Die Erfassung des pRAP kann über die obere Methode in der direkten und in der unteren Methode in der indirekten Form erfasst werden. Beide Buchungsvarianten führen zum identischen Ergebnis. Der Vorteil der oberen Buchung liegt darin, dass zum Ende des Wirtschaftsjahres keine Kontrolle der Konten hinsichtlich der Rechnungsabgrenzung vorgenommen werden muss. Denn diese ist direkt im Zeitpunkt der Erfassung des Sachverhalts erfolgt. Darüber hinaus wird keine Korrekturbuchung – wie bei der indirekten Erfassung – benötigt.

<u>2017:</u> Auflösen des pRAP
(4) pRAP   3.500   an   Mietertrag   3.500

c) Der vorliegende Sachverhalt stellt eine Forderung aus Lieferung und Leistung dar. Die Bildung eines Rechnungsabgrenzungspostens darf nicht vorgenommen werden. Die Einnahme erfolgt nach dem Stichtag, wohingegen die gewinnwirksame Erfassung vor der Einnahme im alten Wirtschaftsjahr erfolgt. Wirtschaftlich gehört der Ertrag in das Jahr 2016, lediglich die Begleichung der Rechnung erfolgt im angrenzenden Jahr. Die erfolgswirksame Erfassung erfolgt somit vorwegnehmend (antizipativer Posten).
Lediglich RAP gem. § 250 HGB (transitorische Posten) erwirken eine echte Abgrenzung.

<u>2016:</u> Erfassung der Forderung
(1) Forderung L&L 23.800 an Umsatzerlöse   20.000
                              Umsatzsteuer   3.800

<u>2017:</u> Begleichung der Forderung
(2) Bank 23.800   an   Forderung L&L   23.800

Aufgabe: Passive Rechnungsabgrenzungsposten (2)

Die Wood-GmbH nimmt ein endfälliges Darlehen i.H.v. 15.000 € auf. Neben einer Verzinsung i.h.v. 3 % auf den Erfüllungsbetrag wird ein Agio i.h.v. 10 % vereinbart. Die Laufzeit beträgt 10 Jahre.

Erläutern Sie die bilanzielle Erfassung des o.g. Sachverhalts. Geben Sie darüber hinaus die Buchungssätze für die Jahre 2016 und 2017 an.

Lösung:

Das Agio stellt ein sog. Aufgeld auf den Auszahlungsbetrag dar. Der Rückzahlungsbetrag übersteigt den Auszahlungsbetrag um das Agio 1.500 € (10% von 15.000 €). Es ist das Gegenstück zum Abgeld oder auch Disagio. Das Agio ist nach h.M. als pRAP zu erfassen und über die Laufzeit abzuschreiben.

2016: Aufnahme des Darlehens

(1) Bank   15.000   an   Verbindlichkeiten 16.500
    pRAP   1.500
(2) Zinsaufwand 495   an   Bank   495
(3) Abschreibung 150   an   pRAP 150

2017: Zinszahlung des Darlehens

(4) Zinsaufwand 495   an   Bank   495
(5) Abschreibung 150   an   pRAP 150

Aufgabe: Passive latente Steuern (1)

Die Wood-GmbH entwickelte eine neuartige Software, welche mit Herstellungskosten gem. § 253 II HGB i.H.v. 250.000 € in der Handelsbilanz aktiviert wurde. Diese wird seit dem 01.01.2016 genutzt und den Erwartungen entsprechend über vier Jahre linear abgeschrieben. Eine Veräußerungsabsicht besteht derzeit nicht.

Aufgrund des Ansatzverbots gem. § 5 II EStG dürfen selbstgeschaffene immaterielle Wirtschaftsgüter nicht in der Steuerbilanz erfasst werden. Die Wood-GmbH kann folglich keine Einheitsbilanz aufstellen.

Am 01.01.2017 veräußert die Wood-GmbH die Software an einen Konkurrenten für 187.500 €.

Der Steuersatz der Wood-GmbH liegt bei 30 %. Die umsatzsteuerlichen Konsequenzen sind zu vernachlässigen.

Stellen Sie die Buchungssätze für die Jahre 2016 und 2017 auf. Äußern Sie sich ebenso zu der Gewinnauswirkung in der Handels- und Steuerbilanz.

Lösung:

Die unterschiedliche Erfassung der Software in Handels- und Steuerbilanz wird durch die Ausübung des Wahlrechts zur Aktivierung gem. § 248 II HGB erreicht. Die Regelungen zu den latenten Steuern sind nach dem bilanzorientierten Temporary Konzept zu beurteilen. Es handelt sich im vorliegenden Fall um eine temporäre Differenz, welche sich über die Nutzungsdauer (Abschreibungen) wieder vollständig ausgleicht. Die Differenzen zwischen Handels- und Steuerbilanz kehren sich steuerbe- bzw. entlastend um.

<u>Handelsbilanz:</u> Die Aktivierung in der Handelsbilanz erfolgt zu Herstellungskosten i.h.v. 250.000 €. Die Höhe der Abschreibung pro Jahr beträgt (250.000 € : 4 Jahre) 62.500 €. Lediglich diese wirkt sich gewinnwirksam aus.

Wertentwicklung Handelsbilanz	Betrag in Euro
01.01.2016 Aktivierung zu Herstellungskosten	250.000
- Abschreibung 31.12.2016	- 62.250
= Restbuchwert 31.12.2016	= 187.500
Am 01.01.2017 wird die Software für 187.500 € veräußert.	- 187.500
= Restbuchwert	0

<u>Buchungssätze für 2016 und 2017:</u>
<u>2016:</u>
(1) Software 250.000   an   Materalaufwand 250.000
(2) Abschreibung 62.500   an   Software 62.500

<u>2017:</u>
(3) Bank 187.500   an   Software 187.500

<u>Steuerbilanz:</u> Aufgrund des Aktivierungsverbots werden die angefallenen Kosten für die Software als Aufwand behandelt. Die gesamten Kosten i.h.v. 250.000 € werden in der GuV erfasst und weisen eine Gewinnauswirkung auf. In der Steuerbilanz taucht der Posten folglich gar nicht auf. Erst bei der Veräußerung wird der Kaufpreis i.h.v. 187.500 € als Erlös gewinnwirksam erfasst. Und muss im Jahr 2017 versteuert werden.

Buchungssätze für 2016 und 2017:

2016:

(1) Aufwand 250.000 an Materialaufwand 250.000

2017:

(2) Bank 187.500 an Umsatzerlöse 187.500

Ermittlung der passiven latenten Steuer:

Der Wert der Handelsbilanz ist aufgrund der Aktivierung größer als der Wert der Steuerbilanz. Die sich ergebende Steuerbelastung ist als passive latente Steuer zu erfassen. Bestehen latente Steuern über mehrere Jahre müssen diese dieselbe Wertentwicklung aufweisen, wie das dazugehörige Wirtschaftsgut.

$$187.500 \text{ € x } 30 \text{ %} = 56.250 \text{ €}$$

Im Jahr 2016 erfolgt die Erfassung der latenten Steuer in der Handelsbilanz wie folgt:

Steueraufwand 56.250 an passive latente Steuer 56.250

Die Auflösung der passiven latenten Steuer im Jahr 2017 erfolgt erfolgswirksam:

Passive latente Steuer 56.250 an Steuerertrag 56.250

Aufgabe: passive latente Steuern (2)

Die Wood-GmbH hat eine neuartige Technik für eine Produktionsmaschine entwickelt. Die Nutzungsdauer wird

verlässlich auf 8 Jahre festgesetzt. Die gesamten Herstellungskosten gem. § 253 II HGB betragen am 01.01.2016 175.000 €. In diesen sind Entwicklungskosten i.H.v. 25.000 € enthalten. Steuerrechtlich besteht gem. § 5 II EStG ein Aktivierungsverbot. Infolgedessen werden die Entwicklungskosten in der Steuerbilanz nicht erfasst.
Der Steuersatz der Wood-GmbH beträgt 30 %.

Ermitteln Sie die Höhe der latenten Steuern. Zeigen Sie die Wertentwicklung für die latente Steuer und die Produktionsmaschine nach Handels- und Steuerrecht für drei Jahre auf.

Lösung:
Die Entstehung der latenten Steuer fußt auf den unterschiedlichen Aktivierungsgeboten von Handels- und Steuerrecht. Diese Unterscheidung betrifft im vorliegenden Fall lediglich die Entwicklungskosten i.H.v. 25.000 €, sodass diese die Bezugsgröße darstellen.

Handelsbilanz: Wertentwicklung über die nächsten drei Jahre

Produktionsmaschine	Betrag in Euro
Herstellungskosten	175.000
- Abschreibung (175.000 € : 8 Jahre)	- 21.875
= Restbuchwert 31.12.2016	153.125
- Abschreibung	- 21.875
= Restbuchwert 31.12.2017	131.250
- Abschreibung	- 21.875
= Restbuchwert 31.12.2018	109.375

Buchungssätze:

2016:

(1) Maschine 175.000 an Materialaufwand 175.000

(2) Abschreibung 21.875 an Maschine 21.875

✎ Buchung (2) für die Dauer der Abschreibung wiederholen.

Steuerbilanz: Wertentwicklung über die nächsten drei Jahre:

Produktionsmaschine	Betrag in Euro
Herstellungskosten	150.000
- Abschreibung (150.000 € : 8 Jahre)	18.750
= Restbuchwert 31.12.2016	131.250
- Abschreibung	18.750
= Restbuchwert 31.12.2017	112.500
- Abschreibung	18.750
= Restbuchwert 31.12.2018	**93.750**

Buchungssätze:

2016:

(1) Maschine 150.000 an Materialaufwand 150.000

(2) Entwicklungsaufwand 25.000 an Aufwand 25.000

(3) Abschreibung 18.750 an Maschine 18.750

✎ Buchung (3) für die Dauer der Abschreibung wiederholen.

Passive latente Steuer: Die Entwicklung der passiven latenten Steuer gleicht der Wertentwicklung der Produktionsmaschine über die Zeitdauer. Die Höhe der fiktiven Steuer ermittelt sich, indem die Entwicklungskosten mit dem Steuersatz multipliziert werden.

$$25.000 \text{ €} \times 30\ \% = 7.500 \text{ €}$$

Produktionsmaschine	Betrag in Euro
Passive latente Steuer	7.500,00
- Abschreibung (7.500 : 8 Jahre)	937,50
= Restbuchwert 31.12.2016	6.562,50
- Abschreibung	937,50
= Restbuchwert 31.12.2017	5.625,00
- Abschreibung	937,50
= Restbuchwert 31.12.2018	**4.687,50**

Buchungssätze:
2016:
(1) Steueraufwand 7.500 an passive latente Steuer 7.500
(2) Passive latente Steuer 937,50 an Steuerertrag 937,50

✎Buchung (2) für die Dauer der Abschreibung wiederholen.

Aufgabe: Gewinn- und Verlustrechnung (1)

Die Bremer Poseidon Werftgesellschaft mbH hat sich auf den Bau von hochwertigen Luxuskreuzfahrtschiffen spezialisiert. Im Jahr 01 übernahm sie einen Auftrag zur Planung und zum Bau des neuen Luxusliners Sophie II. Die Herstellung des Schiffs beginnt noch im Jahr 01. Die Fertigstellung und Auslieferung erfolgt im Jahr 02. Der Auftragswert liegt bei 300 Mio. €.

Die Herstellungskosten verteilen sich dabei wie folgt:

	01	02
Mitarbeiter Entgelte:		
- Löhne:	34,0 Mio. €	56,0 Mio. €
- Gehälter:	1,5 Mio. €	0,5 Mio. €
Roh-, Hilfs- Betriebsstoffe:	16,0 Mio. €	42,0 Mio. €
Vorprodukte:	41,0 Mio. €	39,0 Mio. €
Abschreibungen:	9,0 Mio. €	9,0 Mio. €

Stellen Sie für beide Geschäftsjahre die verkürzte GuV-Rechnung der Poseidon Werftgesellschaft mbH in Tabellenform auf. Die Bewertung des Schiffs erfolgt auf Vollkostenbasis.

Lösung:

	01	02
Umsatzerlöse:	-	300,0 Mio. €
Bestandsveränderungen:	100,0 Mio. €	./.100,0 Mio. €
Mitarbeiter Entgelte:		
- Löhne:	34,0 Mio. €	56,0 Mio. €
- Gehälter:	1,5 Mio. €	0,5 Mio. €
Roh-, Hilfs- Betriebsstoffe:	16,0 Mio. €	42,0 Mio. €
Vorprodukte:	41,0 Mio. €	39,0 Mio. €
Abschreibungen:	<u>9,0 Mio. €</u>	<u>9,0 Mio. €</u>
Jahresergebnis:	./. 1,5 Mio. €	53,5 Mio. €

Der Bestand an unfertigen Erzeugnissen ist zu den Herstellungskosten gem. § 255 Abs. 2 HGB zu bewerten. Die Bestandsveränderung muss zu 100,0 Mio. € erfasst werden, da die Vertriebskosten nicht in die Herstellungskosten einbezogen werden dürfen.

Aufgabe: Gewinn- und Verlustrechnung (2)

Die Unternehmerin Walli B. fertigt die bei Kindern sehr beliebte elektronische Spielzeugpuppe „Emma" her. Andere Produkte vertreibt Walli noch nicht. Aufgrund der sehr guten Absatzzahlen hat Walli die Produktion verdoppelt. Bei einem Nettoabsatzpreis von 150 € pro Stück konnten jedoch nur 80% der Produktionsmenge von 20.000 Stück abgesetzt werden. Der nachfolgende Betriebsabrechnungsbogen zeigt die Kostenstruktur ihres Einproduktunternehmens.

	Kostenstellen			
Kostenarten	**Material**	**Fertigung**	**Verwaltung**	**Vertrieb**
Einzelkosten				
Fertigungsmaterial	900.000			
Fertigungslöhne		800.000		
Gemeinkosten				
Gehälter	65.000	75.000	80.000	6.000
Betriebsstoffe	10.000	35.000	10.000	10.000
Abschreibungen	10.000	25.000	15.000	10.000
Gesamtkosten	985.000	935.000	105.000	26.000

Wie sehen die Gewinn- und Verlustrechnungen nach dem Gesamt- und Umsatzkostenverfahren aus, wenn Walli einen geringen Erfolgsausweis wünscht?

<u>Lösung:</u>
Ermittlung der Herstellungskosten für den Lagerbestand nach
§ 255 Abs. 2 HGB:

	Gesamt	pro Stück
<u>Einzelkosten:</u>		
Fertigungsmaterial	900.000 €	
+ Fertigungslöhne	800.000 €	
<u>Produktionsbezogene Gemeinkosten:</u>		
+ Materialgemeinkosten	85.000 €	
+ Fertigungsgemeinkosten	135.000 €	
= Untergrenze HK	1.920.000 €	96,00 €
+ Verwaltungsgemeinkosten	105.000 €	
= Obergrenze HK	2.025.000 €	101,25 €

Da Walli einen geringen Erfolgsausweis wünscht, muss der
Lagerbestand mit der Untergrenze der Herstellungskosten
bewertet werden.

<u>G&V nach Gesamtkostenverfahren</u>

Umsatzerlöse (150 € × 16.000)	2.400.000 €
+ Bestandserhöhung (96 € × 4.000)	384.000 €
- Materialaufwand (900.000 € + 10.000 € + 35.000 € + 10.000 € + 10.000 €)	965.000 €
- Personalaufwand (800.000 € + 65.000 € + 75.000 € + 80.000 € + 6.000 €)	1.026.000 €
- Abschreibungen (10.000 € + 25.000 € + 15.000 € + 10.000 €)	60.000 €
= Jahresüberschuss	733.000 €

G&V nach Umsatzkostenverfahren

Umsatzerlöse (150 € × 16.000)	2.400.000 €
- Produktionsaufwand (96 € × 16.000)	1.536.000 €
- Vertriebskosten	26.000 €
- Verwaltungskosten	105.000 €
= Jahresüberschuss	733.000 €

Übungsklausuren

Auf den angrenzenden Seiten finden Sie vier Musterklausuren, welche auf circa eine Zeitstunde konzipiert sind. Zugelassene Hilfsmittel stellen die aktuelle Version des Handelsgesetzes sowie ein nicht programmierfähiger Taschenrechner dar. Um optimale Klausurergebnisse zu erzielen ist es zweckdienlich Ihre Vorgehensweise argumentativ zu belegen und/oder anhand der einschlägigen Paragraphen zu strukturieren. Stellen Sie die Rechenwege nachvollziehbar und umfassend dar.

1. Probeklausur I

Aufgabe 1:
Erläutern Sie die statische Bilanztheorie in ihren Grundzügen. Gehen Sie auf die dazugehörigen Bewertungsregeln ein.

Aufgabe 2:
Die Wood-GmbH gibt Ihnen die folgende vorläufige Bilanz für das Jahr 2016. Die Angaben in der Bilanz erfolgen in T€.

Aktiv		Passiv	
A. Anlagevermö-gen:		A. Eigenkapital	
II. Sachanlagen:	150	I. Gezeichnetes Kapital	75
1. Grundstücke		II. Kapitalrücklage	197
		V. Jahresüberschuss	140
B. Umlaufvermö-gen	270	B. Rückstellungen	
I. Vorräte:		3. sonstige Rück-stellungen	198
1. RHB	75		
4. geleistete Anzah-lungen	250		
IV. Kassenbe-stand/Bank			
C. Rechnungsab-grenzungsposten	65	C. Verbindlichkei-ten	
		1. Verbindlichkeiten aus L&L	200
		2. Verbindlichkeiten geg. Kreditinstituten	
	810		810

Die folgenden Geschäftsvorfälle wurden bislang **nicht** berück-sichtigt.

a) Die Wood-GmbH nahm am 01.01.2016 ein endfälliges Darlehen i.H.v. 10.000 € auf. Die Laufzeit beträgt zwei Jahre. Als Verzinsung wurden 10 % p.a. vereinbart. Diese werden fristgerecht gezahlt.

b) Die Wood-GmbH überweist am 12.12.2016 die Miete für Januar und Februar 2017 im Voraus. Die Höhe beträgt pro Monat 1.500 €. Umsatzsteuerliche Konsequenzen entstehen nicht.

c) Die Wood-GmbH bestellt am 06.11.2016 bei der Floristen-GmbH Roh-, Hilfs- und Betriebsstoffe im Wert von 16.000 €. Die Lieferung erfolgt innerhalb von 14 Tagen. Die Wood-GmbH begleicht die Rechnung am 02.01.2017. Umsatzsteuerliche Konsequenzen sind zu vernachlässigen.

d) Die Wood-GmbH kauft am 23.03.2016 ein bebautes Betriebsgrundstück für 100.000 € per Überweisung. Das Gebäude benötigt dringend einen neuen Anstrich, welcher jedoch erst im März 2017 ausgeführt werden kann. Der Kostenvoranschlag beläuft sich auf 6.000 €. Des Weiteren muss eine Abraumbeseitigung vorgenommen werden, mit welcher jedoch frühestens im November 2017 zu rechnen ist. Die Kosten belaufen sich auf 8.000 €.

e) Auf das betrieblich genutzte Bürogebäude der Wood-GmbH entfällt im Jahr 2016 eine Abschreibung i.H.v. 9.000 €.

Erläutern Sie die bilanzielle Erfassung der o.g. Sachverhalte ausführlich. Gehen Sie auf die Auswirkungen innerhalb der jeweiligen Posten ein und stellen Sie den Buchungssatz und die Bilanz auf.

Aufgabe 3:
Der gesamte Forderungsbestand aus Lieferung und Leistung der Wood-GmbH beträgt 103.530 € (brutto). Aus den letzten Jahren ist bekannt, dass circa 3% aller Forderungen ausfallen

werden. Darüber hinaus hat der Geschäftsführer Kenntnis über ein Insolvenzverfahren seines Kunden K1 erlangt. Er rechnet zu treffenderweise mit der Uneinbringbarkeit und daher mit einem vollständigen Ausfall der Forderung i.H.v. 10.234 € (brutto). Darüber hinaus befindet sich der Kunde K2 in einer finanziell sehr schwierigen Situation. Es ist mit einem wahrscheinlichen Ausfall der Forderung i.H.v. 50% zu rechnen. Die gesamte Forderung des K2 beträgt 654,50 € (brutto). Die Höhe der Umsatzsteuer beträgt 19 %.

a) Erläutern Sie die Methoden zur Korrektur der Höhe der Forderungen aus Lieferung und Leistung.

b) Ermitteln Sie die Höhe der Forderungen aus Lieferung und Leistung. Nehmen Sie in diesem Zusammenhang Stellung zu den umsatzsteuerlichen Konsequenzen.

c) Geben Sie die Buchungssätze zu dem o.g. Sachverhalt an.

Musterlösung: Probeklausur I

Aufgabe 1:

Die statische Bilanztheorie umfasst zum einen die Zerschlagungs- und zum anderen die Fortführungsstatik.

Die Zerschlagungsstatik geht nicht von der Unternehmensfortführungsprämisse aus, sondern ermittelt den Wert des Unternehmens als Schuldendeckungspotential. Die Bewertung der Gegenstände erfolgt aufgrund des Veräußerungsgedankens zum gemeinen Wert.

Die Fortführungsstatik hingegen geht von der Fortführungsprämisse aus. Sodass der individuelle Wert zur Anwendung kommt. Bei Betriebsgegenständen (wie bspw. Sachanlagevermögen) kommt der Betriebswert – fortgeführte Anschaffungs- oder Herstellungskosten – zum Einsatz. Die Bewertung von Forderungen und Schulden erfolgt zum Nennwert, weshalb Unterschiedsbeträge (Agio/Disagio) bereits bilanziell abgebildet werden. Die abzubildenden Veräußerungsgegenstände (bspw. Waren des Umlaufvermögens) werden mit dem Veräußerungspreis angesetzt. Der Marktpreis stellt für die Veräußerungsgegenstände die Bewertungshöchstgrenze dar.

Aufgabe 2:
Bei der Aufstellung der Bilanz zum 31.12.2016 müssen alle Geschäftsvorfälle a)-e) berücksichtigt werden.

Aktiv		Passiv	
A. Anlagevermö-gen:		A. Eigenkapital	
		I. Gezeichnetes	75
II. Sachanlagen:	241	Kapital	
1. Grundstücke und		II. Kapitalrücklage	197
Gebäude		V. Jahresüberschuss	116
B. Umlaufvermö-gen		B. Rückstellungen	
		3. sonstige Rück-	212
I. Vorräte:	286	stellungen	
1. RHB	75		
4. geleistete Anzah-lungen	156		
IV. Kassenbe-stand/Bank			
C. Rechnungsab-grenzungsposten	68	C. Verbindlichkei-ten	
		1. Verbindlichkeiten aus L&L	216
		2. Verbindlichkeiten geg. Kreditinstituten	10
	826		826

a) Die Aufnahme des Darlehens führt zu einer Erhöhung der liquiden Mitteln (Bank + 10.000) und die Verbindlichkei-ten auf der Passivseite steigen um 10.000.

(1) Bank 10.000 an Verbindlichkeiten geg.

Kreditinstituten   10.000

Der Zinsaufwand ist ein erfolgswirksamer Posten und mindert den Jahresüberschuss (- 1.000) sowie die Höhe des Bankguthabens gleichermaßen.

(2) Zinsaufwand 1.000 an Bank 1.000

b) Die Überweisung der Miete lässt das Bankguthaben sinken. Aber die wirtschaftliche Zugehörigkeit der Mietzahlung ist das Jahr 2017 und nicht das Jahr 2016. Um eine periodengerechte Gewinnermittlung zu ermöglichen wird die Mietzahlung nicht als Mietaufwand erfasst, sondern als aktiver Rechnungsabgrenzungsposten. Dieser kann im Jahr 2017 erfolgswirksam aufgelöst werden.
(1) aRAP   3.000   an   Bank   3.000

c) Die offene Position gegenüber der Floristen-GmbH ist eine Verbindlichkeit aus Lieferung und Leistung. Diese wird für gewöhnlich inkl. Umsatzsteuer gebucht – diese ist hier allerdings irrelevant. In der Bilanz steigt die Position RBH und die Verbindlichkeit um 16.000 € an.
(1) RHB 16.000 an Verbl. L&L 16.000

d) Der Kauf des Grundstücks führt dazu, dass der Posten Grundstücke und Gebäude um 100.000 € zu und die Bank um 100.000 € abnimmt.
(1) Grundstücke&Gebäude 100.000 an Bank 100.000

Bei den Instandhaltungsmaßnahmen und der Abraumbeseitigung kommt die Bildung einer Rückstellung gem. § 249 I HGB in Frage. Die Instandsetzung muss innerhalb der ersten drei Monate und die Abraumbeseitigung innerhalb des folgenden Jahres vorgenommen werden. In beiden Fällen sind die zeitlichen Voraussetzungen erfüllt, sodass eine aufwandswirksame Rückstellung gebildet werden muss. Daher nimmt der Posten der Rückstellungen in der Bilanz zu und aufgrund der aufwandswirksamen Bildung der Jahresüberschuss um 14.000 € ab.

(2) Aufwand 14.000 an sonstige
Rückstellungen 14.000

e) Die Abschreibung gem. § 253 III HGB auf das Bürogebäude muss erfolgswirksam erfasst werden. Daher muss der Jahresüberschuss um 9.000 € sinken. Aufgrund der eingetretenen Abnutzung teilt das Konto Grundstücke und Gebäude dasselbe Schicksal.

(1) Abschreibung 9.000 an Grundstücke&
Gebäude 9.000

Übungsaufgabe 3:

a) Methoden zur Forderungskorrektur:

Die Korrektur der Forderungen kann über die Einzelwertberichtigung erfolgen als auch über die Pauschalwertberichtigung. Eine Kombination aus Pauschalwert- und Einzelwertberichtigung ist ebenso möglich.

- Einzelwertberichtigung: Wenn zu einzelnen Forderungen Gründe bekannt werden, die zu einem teilweisen oder völligen Ausfall führen muss eine Korrektur der einzelnen Forderung erfolgen. Bei einem wahrscheinlichen Ausfall darf lediglich i.H.d. wahrscheinlichen (Netto-)Betrages korrigiert werden. Die Umsatzsteuer wird bei (dubiosen) Forderungen nicht korrigiert. Bei sicheren Ausfällen (bspw. durch Insolvenz) wird die Forderung vollständig abgeschrieben. Erst wenn sicher ist, dass die Forderung uneinbringlich wird, darf die Umsatzsteuer gleichfalls korrigiert werden. Somit erfolgt hier die Korrektur auf den Bruttobetrag.

- Pauschalwertberichtigung: Die Pauschalwertberichtigung stellt im Gegensatz zur Einzelwertberichtigung eine Korrektur des Forderungskontos auf Basis vergangener Erfahrungswerte dar. I.d.R werden die Erfahrungswerte der unerwarteten Forderungsausfälle aus den letzten drei bis fünf Jahren ermittelt (Berücksichtigung des allgemeinen Ausfallrisikos). Die prozentuale Korrektur erfolgt auf den Nettobetrag. D.h. es erfolgt keine Umsatzsteuer Korrektur. Des Weiteren muss beachtet werden, dass einzelwertberichtigte Forderungen nicht zusätzlich pauschalwertberichtigt werden dürfen.

b) Wie aus Aufgabenteil a) ersichtlich erfolgt erst die Einzelwertberichtigung bevor die Pauschalwertberichtigung erfolgt.

Posten	Brutto-Forderungen in €	Netto-Forderungen in €
Gesamte Forderungen aus L&L	103.530	(103.530 : 1,19) 87.000
Kunde K1: Aufgrund des Insolvenzverfahren und der folgerichtigen Einschätzung, dass es sich um einen vollständigen Ausfall handelt erfolgt eine Abschreibung und eine Umsatzsteuerkorrektur.	- 10.234	(10.234 : 1,19) -8.600
Kunde K2: Da es sich um eine wahrscheinliche und nicht um eine uneinbringlich gewordene Forderung handelt, darf eine Einzelwertberichtigung nur zum angenommen Ausfallprozentsatz erfolgen. Die Umsatzsteuer darf in dieser Phase noch nicht korrigiert werden. Daher ergibt sich die Korrektur auf die Netto-Forderung.	[(654,50 : 1,19) x 50%] -275	(550 x 50 %) -275
= vorläufige Forderungen aus L&L nach EWB	= 93.021	= 78.125
Pauschalwertberichtigung: Die PWB i.H.v. 3 % darf		(3 % x 78.125)

lediglich auf die Netto-Forderungen vorgenommen werden. Die Umsatzsteuer bleibt zu 100% erhalten.	-2.343,75	-2.343,75
= Ford. L&L nach PWB und EWB	= 90.677,25	= 75.781,25

c) Buchungssätze:
Einzelwertberichtigung:
(1) Abschr. Ford. L&L   8.600
       Umsatzsteuer   1.634 an Ford. L&L 10.234
(2) Zweifelhafte Ford. 654,50 an Ford. L&L 654,50
(3) Abschreibung 275 an zweifelhafte Ford. 275

Pauschalwertberichtigung:
(4) Einstellung PWB 2.344 an PWB Ford. 2.344

2. Probeklausur

Aufgabe 1:
Nennen Sie die unterschiedlichen Formen des Erfolgsausweises. Gehen Sie darüber hinaus auf den jeweiligen Ausweis in der Bilanz (A. Eigenkapital) ein.

Aufgabe 2:
Am 01.01.16 hat sich G. Wood seinen großen Traum erfüllt und die Wood-GmbH zu einem Kaufpreis von 700.000 € gekauft. Die Aktiva betragen 650.000 €, die Schulden 450.000 €.

Darüber hinaus bestehen stille Reserven und stille Lasten von jeweils 10 %.

G. Wood beabsichtigt den entstehenden Geschäfts- oder Firmenwert entsprechend § 253 III S. 3 HGB über zehn Jahre abzuschreiben. Gem. § 7 I S. 3 EStG muss steuerrechtlich eine Abschreibung des entgeltlich erworbenen Geschäfts- oder Firmenwerts über fünfzehn Jahre erfolgen.

Der Steuersatz der Wood-GmbH beträgt 30%. Etwaige Wahlrechte werden ausgeübt.

Ermitteln Sie die Höhe der latenten Steuer für die Wood-GmbH und erläutern Sie Ihre Vorgehensweise. Die Buchungssätze sind anzugeben.

Aufgabe 3:

Die Wood-GmbH benötigt zum 31.12.2016 dringend Ihre Hilfe bei der Erfassung nachfolgenden Sachverhalte:

a) Die Wood-GmbH rechnet mit einer zuverlässig ermittelten Umsatzsteuernachzahlung i.H.v. 6.800 €. Ein Bescheid liegt bislang nicht vor.

b) Der Kunde W. Brause hat sich ins Ausland abgesetzt. Alle Bemühungen der Wood-GmbH den säumigen Zahler aufzuspüren blieben erfolglos. Die Forderung vom 20.03.2016 i.H.v. 16.854 € (netto) gegenüber Herrn W. Brause wird folgerichtig als uneinbringlich eingestuft.

c) Die Wood-GmbH beabsichtigt die Flure des Bürogebäudes durch die Firma MalerFix renovieren zu lassen. Aufgrund von Mitarbeiterausfällen muss die Renovierung in den April des folgenden Jahres geschoben werden. Laut

Kostenvoranschlag verlangt MalerFix 16.422 € (brutto) für die Renovierung der Flure.

d) Die Wood-GmbH erhält am 20.12.2016 einen Gewerbesteuerbescheid, welcher eine Nachzahlung i.H.v. 14.522 € ausweist. Die Überweisung erfolgt am 07.01.2017.

e) Die Wood-GmbH hat am 12.11.2016 mit der Snow-GmbH einen Kaufvertrag über 120 Holzschlitten zu je 14,50 € (netto) abgeschlossen. Die Lieferung und Bezahlung soll am 05.02.2017 erfolgen. Die Wood-GmbH hat beabsichtigt die Schlitten im Januar zu je 8,00 € (netto) zu erwerben. Aufgrund des schneereichen Winters sind die Preise für Holzschlitten auf je 17,80 € (netto) angestiegen.

Erläutern Sie die handelsrechtliche Erfassung und geben Sie zu jedem Vorgang den Buchungssatz an. Die Umsatzsteuer beträgt 19 %.

Musterlösung: Probeklausur II

Aufgabe 1:
Es bestehen grundsätzlich drei Möglichkeiten den Erfolg auszuweisen, zwischen denen ein Wahlrecht besteht.

• Ausweis vor Ergebnisverwendung:
Bei Erfolgsausweis vor Ergebnisverwendung wird der in der GuV ermittelte Jahresüberschuss/-fehlbetrag in voller Höhe auf der Passivseite ausgewiesen.

	Erträge
-	Aufwände
=	Jahresüberschuss/-fehlbetrag

Der Posten des Gewinn-/Verlustvortrags aus dem Vorjahr stellen bislang nicht verwendete restliche Größen des Bilanzgewinns aus dem Vorjahr dar.

I.	Gezeichnetes Kapital
II.	Kapitalrücklage
III.	Gewinnrücklage
IV.	Gewinn-/Verlustvortrag (aus dem Vorjahr)
V.	Jahresüberschuss/Jahresfehlbetrag

- Ausweis nach teilweiser Ergebnisverwendung:

In Abweichung zum Ausweis vor Ergebnisverwendung wird bei teilweiser Ergebnisverwendung der Bilanzgewinn/-verlust als Delta ausgewiesen. Dieser ermittelt sich wie folgt:

	Jahresüberschuss/-fehlbetrag
+/-	Gewinn-/Verlustvortrag (Vorjahr)
+/-	Entnahmen/Einstellung in Gewinnrücklage
+	Entnahme Kapitalrücklage
=	Bilanzgewinn/-verlust

I.	Gezeichnetes Kapital
II.	Kapitalrücklage
III.	Gewinnrücklage
IV.	Bilanzgewinn/Bilanzverlust

- Ausweis nach vollständiger Ergebnisverwendung:

Wird eine vollständige Ergebnisverwendung angestrebt, entfallen die Posten Jahresüberschuss/-fehlbetrag bzw. Bilanzgewinn vollständig. Der nicht ausgeschüttete Anteil wird in den Rücklagen aufgenommen.

I. Gezeichnetes Kapital
II. Kapitalrücklage
III. Gewinnrücklage

Aufgabe 2:
Der derivative Geschäfts- oder Firmenwert muss sowohl in der Handels- als auch in der Steuerbilanz aktiviert werden. Lediglich die Abschreibungsdauern weichen voneinander ab (10 Jahre vs. 15 Jahre). Die Höhe des Geschäfts- oder Firmenwerts ergibt sich aus der Differenz zwischen Kaufpreis und dem Zeitwert des Eigenkapitals. Im vorliegenden Fall ergibt sich der derivative GoF wie folgt:

	Aktiva	650.000 €
+	Stille Reserven (10 %)	65.000 €
-	Schulden	- 450.000 €
-	Stille Lasten (10 %)	- 45.000 €
=	Zeitwert des Eigenkapitals	= 220.000 €

	Kaufpreis	700.000 €
-	Zeitwert des Eigenkapitals	- 220.000 €
=	Geschäfts- oder Firmenwert	= 480.000 €

Die Wertentwicklung und die Abschreibungsbeträge (in Euro) pro Jahr ermitteln sich wie folgt:

Handelsrecht		Steuerrecht	
Bilanzansatz	480.000	Bilanzansatz	480.000
Abschreibung:	- 48.000	Abschreibung:	- 32.000
(480.000:10)		(480.000:15)	
Restbuchwert	432.000	Restbuchwert	448.000

Der Wert der Steuerbilanz überschreitet aufgrund der niedrigeren Abschreibungsbeträge den Wert in der Handelsbilanz um 16.000 € (48.000 € - 32.000 €). Über die Dauer der Abschreibung passen sich die Werte in HB und StB (Restbuchwert = 0) wieder an. Die Differenz zwischen dem handels- und dem steuerrechtlichen Ansatz stellt die Ausgangsbasis zur Ermittlung der Höhe der einzustellenden latenten Steuer dar:

$$16.000 € \times 30\,\% = 4.800 €$$

Gem. § 274 HGB besteht für den Ansatz für passive latente Steuern eine Ansatzpflicht und für aktive latente Steuern ein Ansatzwahlrecht. Gem. § 274 II HGB sind diese dem unternehmensindividuellen Steuersatz zu unterwerfen.

Der Wert des Vermögensgegenstandes in der Handelsbilanz ist kleiner als der Wert des Vermögensgegenstands in der Steuerbilanz, somit handelt es sich um aktive latente Steuern. Diese sind auf der Aktivseite der Bilanz gem. § 266 II D. HGB auszuweisen.

Buchungssätze:

(1) Abschreibung 16.000 an GoF 16.000

(2) aktive lt. Steuer 4.800 an Steuerertrag 4.800

Die Auflösung erfolgt über die Laufzeit im Gleichschritt zur Wertentwicklung in Handelsbilanz und Steuerbilanz.

Aufgabe 3:

a) Die Steuerschuld stellt eine ungewisse Verbindlichkeit dar, solange kein Steuerbescheid vorliegt. (Sofern ein Steuerbescheid vorliegt, muss die anstehende Zahlung als Verbindlichkeit erfasst werden). Ausgewiesen wird diese gem. § 266 III B. Nr. 2 HGB.

Buchung:

Umsatzsteueraufwand an Steuerrückstellung 6.800

b) Im Zeitpunkt der Erfassung der Forderung wird diese samt Umsatzsteuer eingebucht. Die uneinbringliche Forderung kann im Wege der Einzelwertberichtigung vollständig abgeschrieben werden. Aufgrund der Uneinbringbarkeit muss die Korrektur der Umsatzsteuer gleichsam erfolgen.

(1) Ford. L&L 20.056,26 an   Umsatzerlöse 16.854,00

                                     Umsatzsteuer 3.202,26

(2) Abschreibung Ford. L&L 16.854,00

    Umsatzsteuer 3.202,26 an Ford. L&L 20.056,26

c) Die Malerarbeiten in den Fluren des Bürogebäudes stellen Instandhaltungsaufwand dar. Gem. § 249 I Nr. 1 HGB muss eine Rückstellung im aktuellen Wirtschaftsjahr erfasst werden, wenn die Instandhaltungsmaßnahme innerhalb der ersten drei Monate durchgeführt wird. Da die Malerarbeiten erst im April des folgenden Jahres begonnen und abgeschlossen werden, darf der Vorgang nicht erfasst werden.

Buchung:

Keine

d) Der Vorgang ist nicht als ungewisse Verbindlichkeit zu klassifizieren und benötigt folglich auch keine Rückstellungsbildung gem. § 249 HGB. Vielmehr handelt es sich um eine sichere Verbindlichkeit (öffentlich-rechtliche Außenverpflichtung), welche gem. § 253 I S. 2 HGB mit dem Erfüllungsbetrag erfasst werden müssen.

Buchung:

Steueraufwand 14.522 an Verbindlichkeiten 14.522

e) Der Vorgang umfasst mehrere Bestandteile, die einzeln betrachtet werden müssen. Der Vertragsabschluss stellt zum 31.12.2016 ein schwebendes Geschäft dar. Mit Lieferung der Holzschlitten am 05.02.2017 ergibt sich folgender Rechnungsbetrag:

14,50 €/Stück x 120 Stück x 1,19 = 2.070,60 €

14,50 €/Stück x 120 Stück = 1.740 € (netto)

Zum Jahresende sind die geplanten (netto) Kosten i.H.v. (8,00 €/Stück x 120 Stück) 960 € zu niedrig erfasst. Zur Erfüllung der Lieferung werden (17,80 €/Stück x 120 Stück) 2.136 € aufgewendet werden müssen. Die Kosten übersteigen die Höhe der gesamten Forderung, weshalb eine Rückstellung i.H.v. (2.136 € - 1.740 €) 396 € für drohende Verluste aus schwebenden Geschäften gem. § 249 I HGB gebildet werden muss. Diese wird gewinnwirksam im folgenden Jahr aufgelöst.

2016:

Aufwand 396 an Drohverlustrückstellung 396

3. Probeklausur

Aufgabe 1:

Erläutern Sie ausführlich die handelsbilanzielle Erfassung und Folgebewertung von immateriellen Vermögensgegenständen.

Aufgabe 2:

Die Wood-GmbH benötigt Ihre Hilfe bei der Erfassung der folgenden Sachverhalte.

a) Am 25.09.2016 wird die Büromiete (fällig jeweils zum 01. des Monats) für sechs Monate im Voraus überwiesen. Von dem Konto der Wood-GmbH fließen 4.500 € ab.

b) Der Wood-GmbH geht am 30.11.2016 die Rechnung ihres Steuerberaters zu. Dieser verlangt für seine Leistungen 8.690 € (netto). Die Wood-GmbH beabsichtigt die Rechnung in der ersten Kalenderwoche 2017 zu begleichen.

c) Der Kunde W. Brause kann seine Rechnung über 11.250 € (netto) nicht wie vereinbart auf einen Schlag zahlen. Bis zum 31.12.2016 gingen bei der Wood-GmbH lediglich 8.925 € ein.

d) Am 01.11.2016 überweist die Wood-GmbH die KFZ-Versicherungsbeiträge für 2017 i.H.v. 679 € pro Fahrzeug. Derzeit verfügt die Wood-GmbH über fünf Dienstfahrzeuge.

e) Am 30.12.2016 geht bei der Wood-GmbH eine Überweisung i.H.v. 1.450 € für die vermieteten Lagerräume im Keller für Januar 2017 ein.

Erläutern Sie jeweils die handelsbilanzielle Erfassung. Geben Sie darüber hinaus an, ob es sich um transitorische oder antizipative Posten handelt. Stellen Sie abschließend den Sachverhalt über die dazugehörigen Buchungssätze dar. Die Umsatzsteuer beträgt 19 %.

Aufgabe 3:

Die Wood-GmbH verfügt am 01.01.2016 bereits über 400.000 Kilogramm Kies aus dem Vorjahr. Aus der Buchhaltung bekommen Sie die Information, dass der Preis pro Kilogramm 15 € beträgt.

Die Lagerentwicklung im Laufe des Jahres 2016 gestaltet sich wie folgt:

Datum	Geschäftsvorfall
02. Januar	Zugang von 150.000 Kg zu 10 €/Kg
07. Februar	Zugang von 70.000 Kg zu 10,50 €/kg
05. März	Abgang von 165.000 Kg
09. März	Abgang von 18.000 Kg
08. Juli	Abgang von 78.000 Kg
23. August	Zugang von 14.000 Kg zu 7,50 €/Kg
13. November	Abgang von 255.000 Kg

Mittels einer Inventur am Jahresende wurde ein Bestand von 118.000 Kilogramm ermittelt.

Ermitteln Sie die Höhe des Endbestands zum 31.12.2016 unter Anwendung des permanenten Lifo-Verfahrens, Perioden-Lifo-Verfahrens und des Fifo-Verfahrens.

Musterlösung: Probeklausur III

Aufgabe 1:

Allgemein werden unter immateriellen Vermögensgegenstände alle Güter erfasst, bei denen die physische Komponente wertmäßig nachrangig ist. I.d.R. trifft dies z.B. auf Software zu, bei der der eigentliche Wert auf der CD und selbige nur das Trägermedium darstellt. Insbesondere bei dieser Kategorie von VG sind die Kriterien die für einen VG sprechen zu überprüfen:

1. wirtschaftlicher Vorteil
2. einzeln bewertbar
3. einzeln verwertbar

Bei der Erfassung von immateriellen Vermögensgegenständen muss zum einen differenziert werden, ob diese entgeltlich oder unentgeltlich zugegangen sind und zum anderen ob eine Zugehörigkeit zum Anlage- bzw. Umlaufvermögen besteht. Die Bilanzierung erfolgt grundsätzlich i.h.d. Anschaffungs- oder Herstellungskosten gem. § 253 HGB.

Zugehörigkeit zum Anlagevermögen:
Bei selbstgeschaffenen immat. VG des AV besteht gem. § 248 II S. 1 HGB ein Aktivierungswahlrecht. Dies gilt nicht für selbstgeschaffene Marken, Drucktitel, Verlagsrechte, Kundenlisten oder vergleichbare VG. Bei entgeltlich erworbenen immat. VG besteht – wie bei jedem materiellen Vermögensgegenstand auch – eine Aktivierungspflicht. Die Erfassung der Abnutzung erfolgt über die Abschreibung gem. § 253 III HGB. § 253 V HGB gilt für die Wertaufholung entsprechend.

Zugehörigkeit zum Umlaufvermögen:
Bei selbstgeschaffenen VG des UV greift das Wahlrecht gem. § 248 II HGB nicht. Dieses gilt nur für Vermögensgegenstände des AV nicht jedoch des UV. Für diese gilt die Pflicht zur Bilanzierung aufgrund des Vollständigkeitsgebots gem. § 246 I HGB. Für entgeltlich erworbene immat. VG gelten dieselben Regeln wie für materielle VG des UV. Hinsichtlich der Folge-

bewertung muss lediglich auf außerplanmäßige Abschreibungen gem. § 253 IV HGB verwiesen werden (strenges Niederstwertprinzip).

Aufgabe 2:

a) Die Überweisung der Miete betrifft sowohl das aktuelle als auch das angrenzende Wirtschaftsjahr. Um eine periodengerechte Gewinnermittlung zu ermöglichen, muss eine Rechnungsabgrenzung für die Monate Januar bis März vorgenommen werden. Gem. § 250 I HGB müssen Ausgaben, die erst Aufwand nach dem Stichtag darstellen, mittels eines aktiven RAP abgegrenzt werden (Transitorisch).

(1) Mietaufwand 4.500 an Bank 4.500

(2) aRAP 2.250 an Mietaufwand 2.250

b) Die Rechnung des Steuerberaters gehört wirtschaftlich in das Jahr 2016. Die Auszahlung erfolgt erst im nachfolgenden Jahr. Infolgedessen ist die aufwandswirksame Erfassung bei Zugang der Rechnung vorzunehmen und eine Verbindlichkeit einzustellen (Antizipativ). Die Verbindlichkeit ist gem. § 253 I S. 2 HGB mit dem Erfüllungsbetrag i.H.v. 10.662,40 € einzustellen.

sonstiger Aufwand   8.690 an Verbl. 10.662,40

Umsatzsteuer   1.702,40

c) Der Kunde Brause kann seine Rechnung entgegen der Vereinbarung nicht vollständig im Jahr 2016 aufbringen. Handelsrechtlich muss der Teil der im folgenden Jahr gezahlt wird mittels einer Forderung erfasst werden. Für die Wood-GmbH stellen die erbrachten Leistungen einen Ertrag im Jahr 2016 dar, auch wenn die Einzahlung teilweise im folgenden Jahr eingeht. (Antizipativ)

(1) Ford. L&L 13.387,50 an Umsatzerlöse 11.250

Umsatzsteuer 2.137,50

(2) Bank 8.925 an Ford. L&L 8.925

Die restliche Forderung beträgt 4.462,50 €.

d) Die Überweisung der KFZ-Versicherungsprämie stellt eine Auszahlung im Vorjahr und ein Aufwand im wirtschaftlich zugehörigen folgenden Jahr dar. Gem. § 250 I HGB muss die Überweisung als aktiver Rechnungsabgrenzungsposten erfasst und erst im folgenden Jahr gewinnwirksam aufgelöst werden (Transitorisch).

(1) Versicherungsaufwand 3.395 an Bank 3.395

(2) aRAP 3.395 an Versicherungsaufwand 3.395

e) Die Einzahlung auf das Konto der Wood-GmbH i.H.v. 1.450 € bedarf ebenfalls der Abgrenzung. Die Miete gehört wirtschaftlich in das darauffolgende Jahr. Gem. § 250 II HGB müssen für Einnahmen, die erst nach dem Jahreswechsel einen Ertrag darstellen, ein passiver Rechnungsabgrenzungsposten erfasst werden (Transitorisch).

(1) Bank 1.450 an Mietertrag 1.450

(2) Mietertrag 1.450 an pRAP 1.450

Aufgabe 3:

Die Bewertung nach dem Perioden-Lifo-Verfahren findet einmalig statt. Bei diesem Verfahren werden die Entwicklungen um den Lagerbestand über die gesamte Periode hinweg betrachtet. Der Endlagerbestand (118.000 Kg) muss unter Anwendung des Lifo-Verfahrens (Last-in-first-out) bewertet werden. Nach dem Lifo-Verfahren sind der Anfangsbestand und ggf. die ersten Zugänge noch im Lager, wohingegen die späteren Zugänge zuerst verbraucht werden. Für den vorliegenden Fall ergibt sich folgende Bewertung:

$$118.000 \text{ Kg} \times 15 \text{ €/Kg} = 1.770.000 \text{ €}$$

Aufgrund der Verwendungsannahme erfolgt die Bewertung des Endbestands mit dem Preis des Anfangsbestands zum 01.01.2016, da der Endbestand größer als der Anfangsbestand ist.

Die Bewertung nach dem Fifo-Verfahren (first-in-first-out) funktioniert ähnlich zu dem des Perioden-Lifo-Verfahrens. Die Bewertung erfolgt allerdings in abgewandelter Form, da aufgrund der Verwendungsreihenfolge der Endbestand mittels der letzten Zugänge bewertet wird. Die Bewertung des Endbestands zum 31.12.2016 ergibt sich folgendermaßen:

$$14.000 \text{ Kg} \times 7,50 \text{ €/Kg} + 70.000 \text{ Kg} \times 10,50 \text{ €/Kg} + 34.000 \times 10 \text{ €/Kg} = 1.180.000 \text{ €}$$

Das permanente Lifo-Verfahren berücksichtigt im Gegensatz zum Perioden-Lifo-Verfahren die Veränderungen des Lagerbestandes im Zeitpunkt der Entstehung.

Datum	Rechnung	Bewertung
Anfangsbestand	*400.000 x 15=*	6.000.000
02. Januar	+ 150.000 x 10 =	+ 1.500.000
Zwischenwert **(550.000 Kg)**	**400.000 x 15 +** **150.000 x 10 =**	**= 7.500.000**
07. Februar	+ 70.000 x 10,50 =	+ 735.000
Zwischenwert	**7.500.000 + 70.000 x** **10,50 =**	**= 8.235.000**
05. März	- (70.000 x 10,50 + 95.000 x 10) =	- 1.685.000
Zwischenwert **(455.000 Kg)**	**400.000 x 15 + 55.000** **x 10**	**= 6.550.000**
09. März	- 18.000 x 10 =	- 180.000
Zwischenwert **(437.000 Kg)**	**400.000 x 15 + 37.000** **x 10 =**	**= 6.370.000**
08. Juli	- (37.000 x 10 + 41.000 x 15) =	- 985.000
Zwischenwert **(359.000 Kg)**	**359.000 x 15 =**	**= 5.385.000**
23. August	+ 14.000 x 7,50 =	+105.000
Zwischenwert **(373.000 Kg)**	**359.000 x 15 + 14.000** **x 7,50 =**	**= 5.490.000**
13. November	- (14.000 x 7,50 + 241.000 x 15) =	- 3.720.000
Endbestand	**118.000 x 15 =**	**= 1.770.000**

4. Probeklausur

Aufgabe 1:

Erläutern Sie die Zwecke des Jahresabschlusses nach HGB in ihren Grundzügen.

Aufgabe 2:

Zum 01.01.2016 nimmt die Wood-GmbH ein Darlehen zur Finanzierung einer neuen Maschine auf. Die Hausbank der Wood-GmbH unterbreitet folgendes Angebot:

Laufzeit	fünf Jahre
Darlehenssumme	850.000 €
Tilgung (jährlich zu gleichen Beträgen)	fällig am 31.12.
Zinssatz p.a.	3,5 %
Disagio	6,5 %
Agio	keins

Alle Wahlrechte werden ausgeübt.

a) Erläutern Sie die bilanzielle Behandlung der Darlehensaufnahme und die Entwicklung über die Laufzeit. Die Rechenwege und Buchungssätze sind anzugeben.

b) Welche Abweichungen ergeben sich bei endfälliger Tilgung? Begründen Sie Ihre Antwort.

Aufgabe 3:

Die Wood-GmbH benötigt Ihre Hilfe bei der Korrektur der nachfolgenden Geschäftsvorfälle:

a) Die Wood-GmbH wird von einem Konkurrenten aufgrund eines Patenverstoßes verklagt. Für den unausweichlich stattfindenden Prozess im darauffolgenden Jahr 2017 werden voraussichtlich Kosten i.h.v. 5.000 € entstehen. Die Wood-GmbH hat den Vorgang derart berücksichtigt:

Bank 5.000 an Rückstellungen 5.000

b) Die Wood-GmbH kauft am 01.04.2016 einen neuen Dienstwagen für 65.580 € (netto). Die Nutzungsdauer beträgt 5 Jahre. Um den Gewinn im Jahr 2016 möglichst gering zu halten wählt die Wood-GmbH eine kürzere Dauer von nur zwei Jahren. Der Vorgang wurde in der Buchhaltung wie folgt erfasst:

(1) Fuhrpark 78.040,20 an Bank 78.040,20

(2) Abschreibung 39.020,01 an Fuhrpark 39.020,01

c) Die Wood-GmbH erhalt den Bescheid vom Finanzamt und überweist am 31.12.2016 die noch ausstehende Körperschaftssteuer i.h.v. 15.250 €. Gebucht wurde:

Finanzamt 15.250 an Bank 15.250

d) Die Wood-GmbH hat zum 01.01.16 eine neue Produktionsmaschine entwickelt, welche langfristig (Nutzungsdauer 10 Jahre) die Verpackungsdauer pro Produkteinheit reduzieren soll. Die damit im Zusammenhang stehenden Kosten wurden wie folgt ermittelt:

Posten	Betrag in Euro
Forschungs- und Entwicklungskosten	52.658
Materialkosten	33.256
Fertigungskosten	17.899
Anteilige Verwaltungsgemeinkosten	1.450
Summe	**105.263**

Die Buchhaltung erfasste den Vorgang wie folgt:

(1) Maschine an aktivierte Eigenleistung 105.263

(2) Abschreibung 10.526,30 an Maschine 10.526,30

e) Die Forderung gegenüber dem Kunden K1 beträgt 8.092,00 €. Der Geschäftsführer der Wood-GmbH hat über Umwege gehört, dass K1 Liquiditätsprobleme hat. Daher weist er die Buchhaltung an die Forderung abzuschreiben:

(1) Ford. L&L 8.092 an Umsatzerlöse 6.800
Umsatzsteuer 1.292
(2) Abschreibung 6.800
Umsatzsteuer 1.292 an Ford. L&L 8.092

Erläutern Sie für jeden Sachverhalt die korrekte handelsbilanzielle Erfassung. Geben Sie die dazugehörigen Buchungssätze an. Die Umsatzsteuer beträgt 19 %.

Musterlösung: Probeklausur IV

Aufgabe 1:
Der Jahresabschluss nach HGB besteht aus Bilanz, GuV ggf. Anhang, Lagebericht, Eigenkapitalspiegel und Kapitalflussrechnung. Das handelsrechtlich verfolgte Ziel besteht in der Kodifizierung von Finanz- und Informationsinteressen. Grundsätzlich bestehen zwei Hauptzwecke für den Jahresabschluss nach HGB. Dieser umfasst die Bemessung- und die Informationsfunktion.

Informationszweck: Mittels der Dokumentation werden beweiskräftige Unterlagen generiert welche als Nachweise für Pflichterfüllung herangezogen werden können (Rechenschaft). Die Dokumentation ermöglicht dem Unternehmer darüber hinaus kritische Selbstinformationen abzuleiten. Infolgedessen können diese als Dispositionshilfe bei Unternehmensentscheidungen herangezogen werden. Die Abbildung der Finanz-, Vermögens- und Ertragslage zu einem Stichtag dient nicht nur dem Unternehmen im Entscheidungs- und Planungsprozess, sondern gleichermaßen den Anteilseignern und den externen Adressaten für deren Entscheidungsfindungen.

Zahlungsbemessungsfunktion: Die Zahlungsbemessungsfunktion umfasst zum einen die Ausschüttungsbemessungsfunktion und zum anderen die Steuerbemessungsfunktion. Die Ausschüttungsbemessungsfunktion dient dem Gläubigerschutz indem ein Mindesthaftungsvermögen verbleiben muss. Nur darüber hinaus freiverfügbare Beträge können für erfolgsabhängige Zahlungen verwendet werden. Die Steuerbemessungsfunktion geht mit dem Maßgeblichkeitsprinzip für die Steuerbilanz einher. Das Maßgeblichkeitsprinzip besagt, dass bestimmte Vorgehensweisen aus der Handels- in die Steuerbilanz übernommen werden. Dies bedingt, dass die Steuergesetze keine andere Vorgehensweise für den jeweiligen Sachverhalt vorschreiben. Somit führt die Steuerbemessungsfunktion zu keiner tatsächlichen Steuerzahlung.

Aufgabe 2:

a) Die Aufnahme des Darlehens stellt eine Verbindlichkeit dar, welche gem. § 253 I S. 2 HGB mit dem Erfüllungsbetrag erfolgen muss. Der Erfüllungsbetrag beträgt 850.000 €. Dem Sachverhalt kann entnommen werden, dass ein Disagio (Abgeld) fällig wird. Die Höhe des Disagios ermittelt sich wie folgt:

$$850.000 € \times 6,5 \% = 55.250 €$$

Dieser Betrag stellt einen vorweggenommenen Zinsaufwand dar und wird von der Bank direkt einbehalten. Infolgedessen fallen Auszahlungs- und Erfüllungsbetrag auseinander. Die Höhe des Auszahlungsbetrags ermittelt sich wie folgt:

$$850.000 \text{ €} - 55.250 \text{ €} = 794.750 \text{ €}$$

Gem. § 250 III HGB kann für den Unterschiedsbetrag zwischen Auszahlungs- und Erfüllungsbetrag ein aktiver Rechnungsabgrenzungsposten gebildet und über die Laufzeit aufgelöst werden. Lt. Sachverhalt werden alle Wahlrechte ausgeübt, weshalb die Erfassung des Darlehens wie folgt aussieht:

(1) Bank   794.750

    aRAP   55.250 an Verb. geg. Kreditinst. 850.000

Das Disagio wird nach der Zinsstaffelmethode abgeschrieben. Unter Zuhilfenahme dieser Abschreibungsmethode lässt sich die Verhaltensweise der Wertentwicklung des Rechnungsabgrenzungspostens an die des Zinsaufwands angleichen.

  a.   Ermittlung der Summe der Jahresziffern:

$$\frac{nx(n+1)}{2} = \frac{5x(5+1)}{2} = 15$$

  b.   Degressionsbetrag ermitteln:

$$\frac{Disagio}{\sum Jahresziffern} = \frac{55.250 \text{ €}}{15} = 3.683,333$$

Zur Ermittlung der jährlichen Abschreibungsbeträge muss der Degressionsbetrag mit der jeweiligen Laufzeit multipliziert werden. Die Entwicklung des Rechnungsabgrenzungspostens ergibt sich wie folgt:

Laufzeit	Rechnung	Abschreibung	Restwert
5	5 x 3.684	18.420	36.830

4	4 x 3.684	14.736	22.094
3	3 x 3.684	11.052	11.042
2	2 x 3.684	7.368	3.674
1	*1 x 3.684*	3674	0

Aufgrund des gerundeten Werts ergibt sich im letzten Jahr eine Restgröße. Der jährlich zu wiederholende Buchungssatz lautet:

(2) Abschreibung X an aRAP X

Gemäß der Vereinbarung ist eine Verzinsung auf den Darlehensbetrag i.H.v. 3,5 % vereinbart worden. Somit ergibt sich unter der Annahme der gleichmäßigen jährlichen Tilgung eine Zinsbelastung i.H.v.:

Laufzeit	Tilgung	Darlehenshöhe	Zins (3,5%)
5	170.000	850.000	29.750
4	170.000	680.000	23.800
3	170.000	510.000	17.850
2	170.000	340.000	11.900
1	170.000	170.000	5.950

Der Zinsaufwand wird im jeweiligen Jahr aufwandswirksam in der GuV erfasst. Der Buchungssatz lautet wie folgt:

(3) Zinsaufwand X an Bank X

Für die Tilgung würde folgende Buchung jährlich vorgenommen werden müssen:

(4) Darlehen 170.000 an Bank 170.000

b) Bei einer endfälligen Tilgung besteht für die Erfassung des Disagios gem. § 250 III HGB ein Wahlrecht zur Erfassung als aRAP. Bei Ausübung des Wahlrechts wird dieser linear abgeschrieben. Eine Anwendung der Zinsstaffelmethode entfällt. Auch der jährliche Zinsaufwand bleibt konstant gleichhoch. Wird das Wahlrecht nicht ausgeübt, kann der Betrag des Disagios im Jahr der Darlehensaufnahme aufwandswirksam erfasst werden.

Aufgabe 3:

a) Der Vorgang kann im Jahresabschluss als Prozesskostenrückstellung gem. § 249 HGB i.H.v. 5.000 € erfasst werden. Diese wird erfolgswirksam eingestellt und im darauffolgenden Jahr aufgelöst. Der Buchungssatz hingegen ist komplett falsch und wird daher rückgängig gemacht:

(1) Bank 5.000 an Rückstellungen 5.000

(1a) Rückstellungen 5.000 an Bank 5.000

Die korrekte Erfassung im aktuellen Jahr lautet wie folgt:

(2) Aufwand 5.000 an RSt. f. Prozesskosten 5.000

b) Die Erfassung des PKW erfolgte ebenfalls auf diversen Ebenen falsch. Die Erfassung der ersten Buchung enthält keine Umsatzsteuer, weshalb diese vom Konto Fuhrpark auf das korrekte umgebucht werden muss:

(1) Fuhrpark 78.040,20 an Bank 78.040,20

(1a) Umsatzsteuer 12.460,0 an Fuhrpark 12.460,0

Die Abschreibung darf nicht zur „Optimierung des Gewinns" auf eine kürzere Nutzungsdauer verteilt werden. Darüber hinaus wurde im vorliegenden Beispiel die Umsatzsteuer mit erfasst und keine anteilige Erfassung für April bis Dezember vorgenommen.

(2) Abschreibung 39.020,01 an Fuhrpark 39.020,01

(2a) Fuhrpark 39.020,01 an Abschreibung 39.020,01

Die Abschreibung ermittelt sich wie folgt:

Fuhrpark	Betrag in Euro
Anschaffung PKW am 01.04.2016	65.580
Abschreibung (65.580 : 5) x (9/12)	- 9.837
= Restbuchwert 31.12.16	= 55.743

Die Erfassung der Abschreibung ergibt sich folgendermaßen:

(3) Abschreibung 9.837 an Fuhrpark 9.837

c) Die Überweisung der Steuerschuld muss über ein Aufwands- und nicht über ein fiktives Bestandskonto erfasst werden. Letztlich darf die Zahlung der Steuerschuld jedoch keine Gewinnauswirkung erzielen.

(1) Finanzamt 15.250 an Bank 15.250

(1a) Bank 15.250 an Finanzamt 15.250

(2) Steueraufwand 15.250 an Bank 15.250

d) Die Höhe der Herstellungskosten gem. § 255 II HGB wurden fehlerhaft ermittelt. Da in der ersten Position nicht ersichtlich ist, welcher Teil auf die Forschungskosten entfällt, dürfen diese nicht als Teil der Herstellungskosten erfasst werden (§ 255 II S. 4 HGB).

Posten	Betrag in Euro
~~Forschungs- und Entwicklungskosten~~	~~52.658~~
Materialkosten	33.256
Fertigungskosten	17.899
Anteilige Verwaltungsgemeinkosten	1.450
Summe	**52.605**

Die Kosten für Forschung und Entwicklung werden über ein Aufwandskonto erfasst. Hinsichtlich der buchhalterischen Erfassung muss wie folgt korrigiert werden:

(1) Maschine an aktivierte Eigenleistung 105.263

(1a) aktivierte Eigenleistung an betr. Aufwand 52.658

- Buchwert der Maschine: (105.263–52.658) 52.605 €

(2) Abschreibung 10.526,30 an Maschine 10.526,30

(2a) Maschine 10.526,30 an Abschreibung 10.526,30

(3) Abschreibung 5.260,50 an Maschine 5.260,50

e) Die alleinige Vermutung, dass K1 unter Liquiditätsschwierigkeiten leidet ist nicht Beweis genug die Forderung als uneinbringlich zu klassifizieren. Infolgedessen darf die Abschreibung der Forderung (inkl. der Umsatzsteuer) nicht erfolgen. Eine Umbuchung auf das Konto zweifelhafte Forderungen wäre denkbar. Die anteilige Abschreibung auf den Nettobetrag ist mangels Angabe im Sachverhalt nicht vorzunehmen. Die Grundsätzliche Erfassung der Forderung wurde von der Buchhaltung richtig vorgenommen.

(1) Ford. L&L 8.092 an Umsatzerlöse 6.800

Umsatzsteuer 1.292

- keine Änderung

(2) Abschreibung 6.800

Umsatzsteuer 1.292 an Ford. L&L 8.092

(2a) Ford. L&L 8.092 an Abschreibung 6.800

Umsatzsteuer 1.292

(2b) zweifelhafte Ford. 8.092 an Ford. L&L 8.092